新版

生活と人間の再建

谷口雅春［著］

日本教文社

はしがき

原子力時代の出現とともに、人間の幸福はもう既に物質的な凡《あら》ゆる防衛方法によっては衛《まも》ることが出来ない時代に到達したのである。太平洋の彼方《かなた》の誰かひとりの発言がその日のうちに日本の経済状態に影響するのが現代である。アラブの産油国が石油値段を釣りあげたら世界じゅうの経済組織が大地震に遭う世の中である。あまりにも世界は一つである。最早《もはや》われわれには一国の努力や工夫で、これこそは確かであると云《い》う自己の生活を衛り得《う》る方法は見つからないのである。嘗《かつ》て日本を襲った原爆は、それが象徴的な意味に於《お》いては、既に全地上を破壊的な力で覆《おお》っているのであって、最早、それは物質的方法では避けることが出来ないものである。いくら働いても貧乏は去らないし、世界の平和を護《まも》るためには、国民相互が左右にわかれて相戦《あいたたか》わなければならない矛盾した現状である。それは確かに、人類がエデンの楽園から追放された状態である。右するも左するも争闘と死とあるのみである。

しかし爰《ここ》にそれを避ける道がある。人間智慧《ちえ》の果実を捨てて「生命の樹《き》」に直接触れることである。すなわち物質とは全然異《こと》なる範疇《はんちゅう》の世界に躍入《やくにゅう》することによってのみ、それを避けることが出来るのである。新たに生れることである。イエスは「汝《なんじ》ら新たに生れずば神の国を見ること能《あた》わず」と云った。吾々《われわれ》は人生観を更《か》え、世界観を更え、新たに生れかわることによって、全能の神の慈手《みて》にまもられて平和に幸福な生活を送ることが出来るのである。生活の基礎を、今まで立っていた物質的なるものの上に築かず、人間を観《み》る立場を霊的人間として観る立場に於いて、生活を更新せしめるほかはないのである。愛をもって憎しみに更え、調和をもって争闘に更えるのである。私はこの序文でその理論を詳しく述べることは出来ないが、この書は最初に「愛と生活への出発」と云う題をつけることになっていたのを、他に類似の書名があるので、それとまぎれないように現在の書名にした事で内容がわかると思う。

今までの生活の行き方で、どうしても面白く行かない人や、色々の宗教を巡礼してみたがどれからも功徳《くどく》を得なかった人などが、本書をお読みになれば、その面白く行かない原因がハッキリわかって、人間と生活との根本的な革命をする道を見出されるにちがいないと思う。

昭和五十年一月三十日

著者識《しるす》

新版　生活と人間の再建

目　次

第五章　人間如何に生くべきか

第六章　新しき生活設計

第十章　恋愛の昇華に就いて

第十一章　信仰生活の種々相

第十四章　人生の不安を克服するには

新版凡例

一、本書の初版発行は昭和29年5月1日である。

一、初版発行後、本書は新選谷口雅春法話集（全12巻）に第7巻（昭和50年2月25日発行）として収められた。初版と法話集との間には「はしがき」にのみ若干の違いが見られるだけで、本文は同一である。本書はこの法話集を底本としている。

一、初版から法話集に至るまで、文字遣いは正漢字・歴史的仮名遣い、総ルビであったが、今回新版を発行するにあたり、常用漢字・新仮名遣い、パラルビに改め、また、活字も大きくして組体裁も変えたが、内容に変動はない。

一、本文中に出てくる『生命の實相』の巻数は、現在の「愛蔵版」（全20巻）に同じである。

一、本書には一部今日とは時代背景を異にする表現があるものの、原文尊重のためそのままとした。

株式会社　日本教文社

新版　生活と人間の再建

第一章　愛と生活への出発

まことに汝《なんじ》らに告ぐ、もし汝らひるがえりて幼児《おさなご》の如《ごと》くならずば、天国に入《い》ることを得じ。されば誰にてもこの幼児の如く己《おのれ》を卑《ひく》うするものは、これ天国にて大いなるものなり。

（マタイ伝第十八章三・四）

幸いなるかな、柔和《にゅうわ》なるもの、その人は地を嗣《つ》がん。

（マタイ伝第五章五）

柔和なる者、地を嗣がん

現代人に概《おおむ》ね欠けているものは「この幼児の如く己を卑うする」謙《へりくだ》りの心である。
キリストが、「柔和なる者は地を嗣がん」といった言葉は、詩篇の第二十七篇にあるダビデの歌の第十一節、「されど謙るものは国をつぎ、又平安《やすらか》の豊かなるを楽しまん」という言葉を引用したのであるが、「柔和なるもの」及び「謙り」の原文は何《いず》れも同じ語《ことば》をつかってあるのである。ただ訳者が異《こと》なるから、一方では「柔和なる者」と訳し、一方では「謙るもの」と表現されているのである。

柔和なるもの、或《あるい》は謙遜なるものは、光明思想の最初の研究者によって著しく誤解せられ、見捨てられている傾《かたむき》があるのである。何故《なぜ》なら光明思想の根本となるものは、「人間は神の子である」ということであるから、一歩あやまるときには、夜郎自《やろうじ》大《だい》、自画自讃、自らがすでに完璧《かんぺき》に達せるものと誤認《ごにん》して、自分の意見を以《もっ》て唯一の真理と考え、自己の浅薄《あさはか》なる経験と皮層《ひそう》なる観察とを以て結論したる所のものを、直ちに最高の真理であるかの如く過信し、それを以て、幾多の深き体験を通して獲得したる先人の思想又は行為を批判してみずから高しと誇り、同気《どうき》相求め相寄りて、徒党をくみ、群衆の力によって、先人を圧迫して、もって新時代の青年なりとするが如き傾向が往々にして見られるのである。しかし、かくの如きは、現代の青年に於《お》いては寧《むし》ろ一大弊害であるのである。

真に神の子の自覚を体得したる所のものは、キリストの所謂《いわゆ》る「地を嗣ぐべき柔和なる精神」――真の謙遜をもたなければならないのである。真の謙遜こそその人の性格の強さと勇敢さとの表現であるのである。逸《はや》りたつ心や、向う見ずの猪突《ちょとつ》や、自分ばかりが正しいとする増上慢《ぞうじょうまん》の心には、少しも真理をすなおに受容《うけい》れる広さが存在しないのである。真に偉大なるものは自らの力に傲慢《ごうまん》になるということはないのである。徒《いたず》らに自分の尊大を衒《てら》い、それを豪語《ごうご》して人に迫るというが如きことはしないのである。彼が神の子であるということを自覚することは、すべての自分の善きものが、自分自身から出るのではなくして、神からの賜物《たまもの》であるということを自覚することにあるのであるから、自《おのず》からこれに対して驕《たかぶ》るというが如きことはなくなるのである。彼が如何《いか》なる功績をあげたにせよ、彼はそれが自分自身からの力に非《あら》ずして、神から与えられた力を自分の容《い》れものを通して使ったのであるということを知るが故《ゆえ》に、それに対して誇ることなく、たかぶることなく、恩きせがましい心をおこすことなく、それに対して報《むく》いを求めることもないのである。ただ彼は神の力が、神の智慧《ちえ》が、神の愛が、自分を通して百パーセント完全に現れることができなかったことを恥ずるのみである。だから神の子の自覚とは、謙遜に裏づけられたる自覚でなければならないのである。

神の声を聴くには

神は「静かなる小さき声」にて吾《われ》らに語り給うのである。その静寂《せいじゃく》なる声は、たかぶる人の心の耳にはきかれないのである。それを知ることなくして、ただ徒《いたず》らに「吾《われ》神の子なり」との命題を知ったからとて直ちに自分の全身全霊が神の子の波長にあうわけではないのである。それにも拘《かかわ》らず、「吾神の子なり」と知った以上は、自分の考えることは悉《ことごと》く神より出でたる正しき思想である等と考え、深き先人の言葉にきくことを敢《あえ》てせず、自らの低き思想を以《もっ》てすでに足れりとする自己満足の如《ごと》きは、これから発達途上にある青年達にとってもっとも恐るべき災いなのである。キリストが

「汝《なんじ》らひるがえりて幼児《おさなご》の如くならずば天国に入《い》るを得じ」と云《い》った如く幼児のすなおさに復《かえ》って先人の言葉を素直にとり入れてよく咀嚼《そしやく》しよく吸収するもののみ「天国にて大いなるもの」となることを得《う》るのである。青年の心の固さは寧《むし》ろ美点ではなくして欠点であるのである。固いものよりも柔かいものが強いのである。幼児は柔かい精神をもつが故《ゆえ》に速《すみや》かに言語でも覚えるのである。幼児は霊感にみたされており、その成長は、青年よりも尚一そう速かなのである。幼児は自己をてらうことなく、自己弁解することなく、自分の尊大を維持せんがために言葉巧みに詭《き》弁《べん》を弄《ろう》することもなく、ただすなおに謙遜に一切のものを受け容れるのである。彼は単純であり、純粋であり、柔和であり、そのままであり、謙《へりくだ》りであり、虚飾や自己弁解や名誉慾《よく》などにしばられるということはないのである。かくの如き幼児の心のみ平和であり、静寂であって、神の「静かな小さき声」をきくことができるのである。凡《およ》そ偉大なる人格とは、極《きわ》めて謙遜なる人格であるのである。謙遜なるもののみが神の偉人なる導きを受けることができるのである。

凡そこの世の中の不幸と葛藤《かっとう》とは謙遜ならざる人々の、即《すなわ》ちキリストの所謂《いわゆ》る「柔和なる者」ならざる精神の摩擦より生ずるのである。「おれがこれをした」「吾これをなせり」かく信じてしかしてその報酬に自分を主張せんとする。かくて権利と権利との主張は互《たがい》に衝突し、摩擦して争いを生ずる因《もと》となるのである。世界の平和を来たすにはかくの如き傲慢と尊大と自我拡張の心とを除かなければならないのである。真に「柔和なる者」は決して自ら高き地位や重大なる役目につこうとしないのである。真に偉大なる人は、自分について又自分自身の働きについて吹聴《ふいちょう》したり、恩に着せたりすることはないのである。凡《あら》ゆる場面に於《お》いて彼は自分よりも他の人をば高き位地《いち》に推《お》し出そうとする。そして自らは低きについて、下からそれらの人を却《かえ》って押し上げてやることに喜びを感ずるのである。

諸君は、スター・デーリーの生活を紹介した『愛は刑よりも強し』を恐らく読んだであろうが、あの中に出てくるライファーの如き生活が本当の柔和なる生活であるのである。彼は人を助けても自分が手柄をしたとは思わないのである。それは、神の愛を現すためにしたのであり、その行為によって自分自身が救われるがために「させて頂くのである」というような謙遜の心持《こころもち》を常に失わないのである。彼は病人を治すにしても、自分が病人を治す力があるなどとは認めないのである。相手が病人であるのは、自分の心の中に尚《なお》「病気」があるのであるから、相手の「完全な姿」を完全にみる力がないから相手が病気に現れているのであると、自ら謙りて相手の完全な姿を拝ませて頂くのである。自分はこのライファーの生活態度に著しく心を打たれたのである。自分はすべての人間がこのようになってくれることを望み、このようになってくれることによってのみ世界の平和が確立すると思うのである。自分は『愛は刑よりも強し』の本を校正しながら幾度《いくど》も、同じ文章を繰返し読んで、自分も斯《か》くなりたいと大息《たいそく》しつつ感じたのである。

　真に偉大なる人は、ライファーの云うが如く謙遜であって何ら自分の功績に対して特殊の権利を主張しようとはしないのである。彼は謙遜であるが故に、自分が認められないことが何ら不平ではないのである。彼はほめられようとは思わない。彼は神に対して常に謙っているのであって、神の栄光を現すことが尚足りないことをひたすらに神の前におそれているのである。自分の功績を誰かが讃《ほ》めてくれなくとも、誰かがあやまって彼を却って悪しざまに批評しようとも、それは彼にとって何ら彼の心を傷つけることにはならないのである。彼は尚自己が神の栄光を完全に現し得ないことを恥じる、そして、実相に於《おい》ては如何《いか》なる批評も如何なる誹謗《ひぼう》も自己を傷つけるものではないということを知っているから動じないのである。人のまちがった考えは自分の真の値打を何ら傷つけることはできないことを知って心は常に平和であるのである。

かくの如き真に偉大なる柔和が現代の青年には欠けているのではないかと思う。この柔和なる精神なくして世界の平和は到底招来することはできないのである。

物質以前の世界へ

新しき時代が、原子力の発達と共に吾々《われわれ》の前に開かれつつあるのである。それは一方に於《お》いては物質の力の驚くべき発見であり、それは他方に於いては、原子が崩壊して、すでに物質とは謂《い》うことを得ない光の波となり、素粒子の放射となり、その光の波も、素粒子も、軈《やが》てエネルギーに還元してしまうものであることがわかったのである。原子力の発見は物質力の偉大さを示すと同時にその物質は本来無《む》でエネルギーに還元するものであるということが実証せられることになったのである。もはや一切の存在の根源として、物質が唯一《ゆいいつ》の本源であるという「唯物論《ゆいぶつろん》」は成り立たぬことになってしまったのである。すべてのものは真空の中にある非物質の法則――法則は「知性」である――から発現するものであるということがわかって来たのである。原子が爆発するのも無暗《むやみ》に爆発するのではなく法則によって爆発するのである。「法則」が力である。「法則」は宇宙にみちている。「法則」が神である。「法則」が一切を造った。「法則」は一切の所に遍在《へんざい》している。自分の中《うち》にもすべての人の中《うち》にも存在しているのである。自分が存在するのは法則によるのである。神は『宇宙を貫く法則』であると『甘露《かんろ》の法雨《ほうう》』に書かれてある。『甘露の法雨』時代が到来したのである。

真空の中に「法則」があって、そこから原子が生まれ出た。原子力の驚くべき塊《かたまり》が星雲である。それが多くの恒星《こうせい》となり、太陽となり地球となった。そして人間が生まれたのである。（『生命の實相《じっそう》』第十三巻教《きょう》育實踐篇《いくじっせん》参照）だから原子と人間とは同じ構造になっているのである。原子は陽電気エネルギーの塊（原子核）と陰電気エネルギーの塊（電子）と陰陽の何《いず》れにも遍せざる中性子との結合であるということがわかって来たのである。この三位《み》一体的構造が、人間に於いても存在するのである。霊は陽性であり肉体は陰性である。肉体は受身であって自ら動くことはないのである。霊は陽性であって肉体に働きかけてこれを動かすのであり霊と体《たい》とに共通してその何れにも連関をもっている中性子の如き作用をするのが即《すなわ》ち我々の「精神」又は常識で云《い》う「心」である。吾々の「心」は霊的に傾くこともできれば物質的に傾くこともできるのである。それはどちらにも属していないが、又どちらにも属しているのである。諸君が、「自分」だと思っている所の「心」はこの精神である。だから諸君の精神は物質の方に傾いて唯物論もとなえることもできれば、唯心論《ゆいしんろん》又は唯神実相論《ゆいしんじっそうろん》もとなえることもできるのである。どちらをとなえることも自由であるが、自由だからどちらに傾くべきかに迷うのである。ここに現代人の前におかれたるスフィンクスの謎《なぞ》があるのである。

スフィンクスの謎《なぞ》

最初は四本の脚《あし》で歩き、やがて二本の脚で歩き、ついで三本の脚で歩くものは何かというのがスフィンクスの謎であった。それは人間であった。「人間とは何ぞや」と云《い》う謎を解決しなければ、人間は殺されるほかはないのである。今までのスフィンクスの謎の解釈は人間の物質的面である。人間は何よりもまず霊であるのであることを知らねばならない。土の塵《ちり》にて造られたそのままのアダムはまだ人間ではないのである。それは土の塵の塊《かたまり》であり、物質の塊である。それには「生命」はない。それはみずから動くことができない。それはみずから考えることもできない。それはただの物質である。それはただ受動的である。動くものがそれに入って来なければならないのである。「エホバ神《がみ》これに生命《いのち》の息を吹き入れたまえば人即《すなわ》ち生けるものとなりぬ」と『創世記』には書かれているのである。この「生命《いのち》の息」が人間である。この「生《いの》命《ち》の息」が霊的生命である。肉体はただその生命の乗物にすぎないのである。汽船は運転手が乗らなければ動かないのである。動かすものが本体であり、動かされるものはただ道具である。肉体は道具であるにすぎないのである。肉体を人間だと思って肉体の喜びを、肉体の快楽を、そして物質の豊富を求めようとする、そして奪い合いが始まる。争いが始まる。吾々《われわれ》は人間に対する観方《みかた》をかえなければ本当の平和は来ないのである。人間は何よりも霊である。それを自覚した時、この世界を平和にする最初の基礎が定まるのである。

先ず観点を変えよ

基礎が定まらないで、その上に如何《いか》に理想を描こうとも、生活を築こうとも、それは砂上に建てた楼閣《ろうかく》にすぎないのである。この世界を物質であると考え、人間の幸福を物質の多寡《たか》によって定めようとし、物質の面から奪い合いをしようとするならばそこには平和も幸福もあり得ようがないのである。この世界を物質であると見る限りに於《お》いて、物質は有限であるから、少数の人が豊かに生活すれば他の人の分け前は減るのである。自分の豊富は他の人の搾取《さくしゅ》によってのみ成立つのである。唯物論《ゆいぶつろん》を世界観にもっている限りは、其人《そのひと》にとって、こういう考え方は真理である。そこで貧者と富者《ふうじゃ》とは争う外仕方《ほか》がない。このディレンマからどうして人類は脱却《だっきゃく》して豊かにして美しい平和の世界を築いて行くことができるであろうか。

人類は観点をかえなければならないのである。物質は有限ではないのである。吾々《われわれ》は新興物理学の新しき世界観から新しく出発しなければならない。物質は真空から生みだされ来つつあるのである。真空はその知性を以《も》って法則と現れ、法則は一切のものを造り出す。吾々の中に宿る「知性」は宇宙の「知性」と同じ「知性」である。吾々が心を平和にして宇宙の「知性」に耳を傾ける時、吾々は一切のものを生みだすところの「宇宙の知性」の即《すなわ》ち「神」のみ声をきくことができるのである。精巧《せいこう》なラジオセットが放送室から放送する立派な楽器の音楽をそのままにうつし出すように、吾々の精神が平和にみちて、静かなる寂《じゃく》の声に耳を傾ける時、宇宙の一切のものを生みだした本源の智慧《ちえ》と交通して欲するものを地上に生み出して来ることができるのである。富むことが貧しきものに対する搾取とならずして、富むことが貧しきものに対する豊富なる貯蔵庫となることができるのである。自分が豊かに実ることが、人類全体への祝福であるような美しき富を築くことができるようになるのである。これは唯物論ではできないのである。唯物論を清算してすべてのものは神より来たり、神に交通することによってのみ、すべてのものが得られるという唯神実相論《ゆいしんじっそうろん》の世界観に立たなければならないのである。即ちキリストが云《い》ったように「まず神の国と神の義を求めよ、その余《よ》のものは汝《なんじ》らに加えらるべし」であって、まず「神の国」即ち唯神《ゆいしん》の所造である実相世界の存在を認め、そこから一切のものを得《う》ることにするならば、そこに争いなく戦《たたか》いなき本当に平和なる世界を導き出して来ることができるのである。

自己逃避の為の仮面

青年は大言壮語を好むものであるが、真の神の子の自覚ある者は大言壮語するということはないのである。真に偉大なる者は、「夜露《よつゆ》の如《ごと》く、夜静かに降って万物をうるおし、明け方には姿を没してしまう謙遜さをもっているのである」、私はいつか云《い》ったことがあるのである。大言壮語するものはキティ颱風《たいふう》の如く猛烈ではあるけれどもそれはただ破壊をたくましゅうするだけである。真に愛深きものは大言壮語することはないのである。旋風《せんぷう》が捲《ま》き起るのはどこかに真空の所があるからそれを埋めるために捲き起るのであると同じく、大言壮語する者も、どこかに自分の心の中に空虚な所があるから、それを胡魔化《ごまか》そうとして大言壮語するのである。色々の娯楽物が歓迎されるのは、心理学的にいうならば、「自己」から逃避したい慾望《よくぼう》の現れである。それは、自分自身の現状に不満足であるから自然と自分を逃れてどこかに気を転じていなければならなくなっているのである。多くの人達は「自分」を忘れたいのである。大言壮語する青年も「自分自身」を忘れたいのである。「自分自身」を自己の前に隠してくらましてしまうのである。しかしそのような「自己」からの逃避は永遠に自分をくらましているわけには行かないのである。大言壮語したあとのさびしさは芝居が果てた後のさびしさや、映画がゼ・エンドに近づいた時のさびしさに似ていて、どんなにしても自分をくらまし終ることは何時《いつ》までも続かないのである。青年の過激にわたる集団運動も概《おおむ》ねこの自分をくらましたい慾望に基いて行われているのである。集団して、群衆の勢《いきおい》で気勢をあげていなければさびしいのである。そこには喇叭《ラッパ》のように周辺が高らかに鳴り渡るだけであって中は全然カラッポであって、本物の喜びは到底味《あじわ》えないのである。現代の青年の多くはそのような寂しさに駆りたてられているのである。彼らは脚下照顧《きゃっかしょうこ》するに自分が耐えられないことを暗黙に知っているのである。

真に偉大なる者

然《しか》し真に強者である人間は自分自身を脚下照顧《きゃっかしょうこ》することができるであろう。附和雷同して威丈高《いたけだか》に雷霆《らいてい》のようにはためきわたっていた自分が本物でないということを知る時が来るのである。何故《なぜ》そんなに騒々しくしていたのか、その原因を探りあてる。そして何故自分がさびしかったのかというその原因を知るのである。それは自分の愛がたりなかったからである。愛が自分の生活に生きていなかったというのを知るのである。愛しないものは常にさびしいのである。青年がさびしいのは、愛を求めているからである。然し愛は求めては得られないのである。愛は与えなければならないものなのである。これに彼らは気がつかなかったのである。ある人は今まで淋《さび》しかったが、毎日必ず五つのことを何か人のためになるように実行するということを試みるようにしてから、人生にさみしさがなくなったといっているのである。人のためになることが愛なのである。求めることが愛なのではない。愛することが愛なのである。愛は暴風の吹きまくるように大きな仕事をしなければならないことはないのである。目立つ仕事をしなければならないということはないのである。大きな仕事や、目立つ仕事は、それを行う時に自分が偉大であるというような傲慢《ごうまん》な考えが伴い勝ちであり、「これだけ私がするのに」というような、恩きせがましい報《むく》いを求める心がおこったり、名前や人のきこえを求める野心がともないがちであるけれども、夜露《よつゆ》のような静かなる愛の奉仕は、そのような不純な野心を伴わないのである。だから、人の前に出て大いなるきこえのあるものは却《かえ》って神の前に出て小さいことがある。神の前には暴風よりも夜静かにおりて消えてしまう露の方が大いなる愛であるのである。ある人は毎日必ず五人以上の隣人を祝福してあげることにしたと云《い》う。その祝福は心の中で、「神よ彼に本当の幸福を与え給え。彼は神の愛に守られて本当に幸福になります」と静かに合掌するような気持で一二分間祈ってやるだけのことであるが、それは誰も知らない所の本当にかくれたる愛の奉仕であるのである。けれどもこのような祝福が目に見えないだけに却って尊いのである。もし全世界の人間が、このような気持で隣人を、そしてどこの国の国民をも祝福してやる気持になれば全世界に戦争というようなものは再び起らないのである。こういう小さい行いの中に本当の報い求めぬ与えるばかりの愛があるのである。そしてそれは神の前に大いなるものとせられるのである。病人の家をたずねて、だまって健康に必要な一冊の光明思想のパンフレットを与えて帰る。彼が必ず神の愛に護《まも》られて健康になるということを念じて帰る。そのやさしい行い、愛にみちた微笑《びしょう》、相手の心配を軟《やわら》げる真理の言葉。それは相手のほか誰も知らない。それは誰からも名誉を表彰されない。けれどもこういう行いの中にこそ本当に「神の子」なる自分の人格が完成され、はっきりとそれが実現するのである。諸君は外的な成功や名誉に目をくらませてはならない。何よりも自己の中《うち》に宿る「人格」の完成こそもっとも重大なる価値あるものと知らなければならないのである。諸君は自己の「内部理想」を人格に出す時始めて価値ある人となるのである。このことを私は『青年の書』の第一章に力を籠《こ》めて書いたことがあるが、今も更《さら》に繰返さずにはいられないのである。自己の内部理想を失うものは、如何《いか》に太鼓《たいこ》や喇叭《ラッパ》を以《もっ》てその栄誉を喧伝《けんでん》せられようとも、それは自分の本質にとって何らの意義もないことである。

愛は小さきことの実践から始まるのである。諸君は自分にとって必要なものを神に対して求めたことはあるであろうが、然し自分にとって何の利益にもならない、ただ他の人のためにのみなる幸福を祈ったことがあるであろうか。若《も》しそれがないとしたら今すぐからそれを実行するようにお勧めする。本当の魂の喜びはそういう所から湧《わ》いて来るのである。

魂が真にその奥底から喜べるようになった時、自分自身が決して報いをもとめるのではないが、そこに必ず目に見えて物質的にも報いが現れて来るのである。諸君の仕事が今まで都合がよく行かなかったことを悲しむな。諸君の作物が今まで大いに収穫がなかったことも憂《うれ》えるな。与えるものが与えられ、祝福するものが祝福されるのが宇宙の法則なのである。法則が神である。諸君がすべての周囲の人々を祝福し始めた時、諸君自身は神から祝福され得《う》る人となるのである。神は「静かなひくい声」で諸君にささやき給う。そして諸君を導き給うのである。諸君の生活が真に神の生活となり、愛を実現する生活となる時、神の祝福と愛とが諸君の仕事に現れて来るのである。まず小さき愛行《あいぎょう》を実践せよ、そこから諸君の周囲に天国が実現して来るのである。

第二章　善悪の境を超えて

絶対善なる実相のみを見よ

すべての事物の根柢《こんてい》は想念である。想念によって一切のものは造られたのである。されば、もし吾々《われわれ》が悪を想念するならば悪が現れてくるのである。「汝《なんじ》ら悪をみつむること勿《なか》れ。悪をみつむるものは神より遮断《しゃだん》される。なぜなら神に於《お》ては悪は存在しないからである」という意味のことをイザヤもいっているのである。善のみが実在なのである。もし吾々の想念が悪をみつめ、悪から心をはなさないならば、吾々は実在を見失ってしまうことになるのである。真の実在は神に造られたものであって、それのみが永遠の存在であり、不滅の存在であり、何時《いつ》までも消えぬところの価値をもっているところのものである。

なぜ善のみを実在であるというか。善といい、悪というも、結局は吾々の心で認めたる所のものであって何れ《いず》もそれは心的存在であることに変りはない。然《しか》し悪は常に破壊的なものである。その上に築かれたところのものは結局はくずれる外《ほか》はないのである。然し何を悪というか何を善というかは重大なる問題である。戦争中に善であると考えられたところのものが平和克服後《こくふくご》悪であると考えられるように到《いた》った事柄は随《ずい》分《ぶん》沢山あるのである。されば善悪とは結局相対的存在であって、絶対の悪、絶対の善、などというものは存在しないのであると云《い》う人もあるのであるが、しかしながら吾々が「神は善である。されば神によって造られたこの世界は善である外はない」というが如《ごと》き場合の善は、時代や環境によって移り変るところの相対的善を云うのではないのである。吾々がいう善は、すなわち、「善のみ実在である」という場合の「善」は、斯《か》かる相対的批判をこえて、常に変らぬところの絶対的善を指すのである。

大体、善悪なる観念なるものは、神話的にいうならばアダムとイヴとが「善悪を知る樹《き》」の果《み》、換言《かんげん》すれば智慧《ちえ》の樹《こ》の果《み》を食べた時に生じたるところの差別智である。吾々がかかる差別の見地に立っている限りに於て、人類はエデンの楽園――即《すなわ》ち極楽《ごくらく》浄土《じょうど》――から追放されるほかはないのである。

それ故《ゆえ》に、キリストは「汝ら自らがさばかれざらんがために、人をさばくこと勿れ」という意味のことを云っているのである。人の善悪をさばく時に、そこに人間の不幸は生ずるのであって、人間は「善悪を知る樹《き》」の果《み》をたべた時に楽園から追放されるのである。――という意味は吾々が常に相対界に生活している限りに於ては、いろいろの邪悪《じゃあく》が充満しており、そして常にそれを気にかけて悩んでいなければならないという意味である。

六祖《ろくそ》慧《え》能《のう》大師《だいし》のこと

無門関《むもんかん》の第二十三則に「不思《ふし》善悪」の公案がある。禅宗の第五祖弘忍禅師《こうにんぜんじ》が黄梅山《おうばいざん》で道を説いていた頃のことである。弘忍和尚《おしょう》は或《あ》る日多勢《おおぜい》の弟子を集めて、「何時《いつ》人間は死ぬかも知れぬのであるから、何時までも師の説教を聴聞《ちょうもん》して、他動的にそれを暗記しているようでは駄目《だめ》だ。吾々《われわれ》は生死の道を明らかにしなければならない。生命とは何ぞや。死とは何ぞや。各自は自分自身でそれを悟《さと》らなければならない、各々《おのおの》自ら悟った所を書いてそれを提出せよ」と命じたのである。弟子の中で神秀《じんしゅう》というものが一番上席《じょうせき》にいたのである。その頃、誰も弟子の中で神秀に及ぶものはなかった。多くの弟子たちは躊躇逡巡《ちゅうちょしゅんじゅん》して誰も答案を作って提出するものがない。神秀もそう問題が出て見ると本当に正しい解答が出来るかどうか自信がない。やはりしばらくためらったが、やっと名前を書かずに、次のような偈《げ》を作って廊下の壁にはりつけた。

「身《み》はこれ菩提《ぼだい》の樹《き》、心は明鏡の台の如《ごと》し。時々《じじ》勤《つと》めて払拭《ふっしょく》して、塵埃《じんあい》を惹《ひ》かしむる勿《なか》れ」

五祖の弘忍和尚はこの偈を見て、神秀の作であることを知った。そして多勢の弟子の前で大いに之《これ》を賞めたのであるが、夜になると神秀の部屋に到《いた》りひそかにその足らざるところを指摘したという事である。弟子たちは神秀の偈を見て「さすがは神秀は偉いものだ」と賞めているのだった。これをきいた米つき男の慧能は「そんなものなら俺にも作れる、俺のいうとおり書いてみてくれないか」といって一人の童子に頼んで、神秀上座《じょうざ》の書いた偈の隣《となり》に次のような偈を書いて貼《は》ってもらった。

「菩提は本《もと》、樹にあらず、明鏡は又台にあらず、本来の無《む》一物《もつ》、なんぞ塵埃をはらうことをなさん」

これを見た師の弘忍は驚いた、慧能こそ自分の教えをつぐ弟子であると知ったのである。

神秀の偈には、毎日の反省があり、善悪の批判がある。これも亦《また》大切なことであるけれども、「悪」をみとめて排斥《はいせき》している限りは、「悪」を心に描くから、「悪」の消えようがないのである。煙草《たばこ》の烟《けむり》をはらうに、煙草を挿《はさ》んだ手をもってするが如くである。「悪」を消すためには、「悪」を見ない心を出して来なければならぬ。「悪」のない世界にそのまま超入してしまうのである。慧能の境地はその境地に達している。そこで弘忍は六祖として衣鉢《いはつ》を伝うべきものは慧能であると心ひそかに定《き》めたのである。当時禅宗では、自分の教えの後継者である証拠に「衣鉢を伝える」といって衣《ころも》と鉢《はつ》とを伝えたものであるが、弘忍は夜の三更《こう》が来ると自分の部屋に来るように慧能に伝えた。その時間が来ると慧能はひそかに弘忍の部屋に入って行った。弘忍は衣鉢を用意して待っていた。そしてそれを嗣法《しほう》の印《しるし》に衣と鉢とを慧能に渡したのである。米つき男の慧能が一夜の中《うち》に第六祖の位《くらい》に上《あが》ったのである。そうなると、古い弟子の連中が嫉妬《しっと》して何をするかわからぬ。そこで弘忍はその夜《よ》ひそかに自ら慧能を伴い九江《きゅうこう》まで見送ってそこで船にのせ、自ら櫓《ろ》をとって岸に渡して「汝《なんじ》去って三年吾《わ》れ正《まさ》に世を捨てん。汝は南方に向って去れ。急に説法してはならない」と細かいところまで注意して師弟の別れを告げたのである。朝になると慧能が法を嗣《つ》ぎ、衣鉢を伝えられて夜中に立ち去ったということが弟子たち全体に明らかになった。

するとお弟子達の間では大騒ぎが起った。その中でも弥次馬《やじうま》の隊長ともいうべき、慧《え》明《みょう》上座というやや上座の弟子がおったが、こいつは乱暴者で、「あの新米の米搗《つ》き男に衣鉢を奪われたとあっては吾々の名誉にかかわる。わしが往《い》って力にまかしてまでも衣鉢を奪いかえしてくる」といって慧能の後を追っかけた。そして到頭《とうとう》慧能に追いついたのである。すると慧能は愈々《いよいよ》あの乱暴者の慧明が衣鉢を奪いかえしにきたのであると知ってその衣鉢を石の上においていて、

「この衣は信を現す。力をもて争うべけんや。君がほしければ持って帰るが好《よ》い」といった。慧明はその衣を持ち上げようとしたが、その衣は石にぴったりくっついてどうしても持ち上げることができなかった。慧明はその時全身に冷汗《ひやあせ》をかき全身がぶるぶるふるえて来て、この世界には始めて物質以上の力があるということを知ったのである。

そこで慧明は、

「別にその衣がほしいのではございません。あなたが師匠に法を伝えられた、その法がほしくてやってきたのです。どうぞその法というものを説き聞かして下さい」といった。その時に慧能は、

「善を思わず悪を思わず。唯《ただ》絶体絶命の時如何《いか》んか、これ慧明汝の本来の面目《めんぼく》や如何《いかに》」と云ったのである。

善悪の境《きょう》を超えて

古歌《こか》に「よしあしや憎み可愛いと思わねば今は世界が皆われのもの」というのがある。即《すなわ》ち吾々《われわれ》がこの世界で苦しむのは善悪を知る智慧《ちえ》の樹《こ》の実《み》をたべて何が善、何が悪と思いわずらい、さばき合う時に楽園から追放されて悩みが出てくるのである。その様な善悪の考えをすてて、「絶対善」の世界をみつめる時、そこに不滅の極楽が実現するということになるのである。

善だ悪だといっている間は、必ずものの反面には暗い面があるのでその暗い面を心

でみつめるようになるのである。すると、この世界の現象は、心でみとめたものが形に現れるのであるから、吾々は、善から切りはなされて悪のみを一そう多くみつめることになるのである。悪をみつめれば悪の想念を以《もっ》て自分の意識の中《うち》をみたすのである。そういう習慣がつく限り吾々はあらゆる事物の反面に悪を見る。そしてこの世界を「悪」の一色で塗《ぬ》りつぶすのである。かかる人は光があれども光の方を見ないで影の方ばかり見るようにするのである。彼は朝おきても鳥のなく声をきけどもきこえず、美しき花を見ても見えず、朗《ほが》らかな青空を見ても見えず、面白くもない新聞記事や、仕事場や、自分の体の不健康だけを見るのである。太陽が輝いておれば「今日は暑い天気だ」と呟《つぶや》くのである。曇っておれば「今日は誠にうっとうしい」と不平をいう。かかる人にとってはすべての環境は悉《ことごと》く悪に見える。吾々はこのような人になってはならないのである。肉眼で見える太陽の光の奥に万物を生かそうとする神の愛を感じ、曇っている雲の奥に万物を潤《うる》おそうとする神の慈悲を感じ、囀《さえず》る鳥の声に神の子の生命をよろこびたのしんでいる「生命の兄弟」を見ることができるものこそ、現象の相対的善悪の奥にあるところの「絶対の善」を見るところの人である。即ち現象の「善を思わず、悪を思わず、唯《ただ》絶体絶命の時、わが生命の正体如何《いかん》」を知るのである。それは神の生命であり、唯ありがたいばかりなのである。かくして自《おのず》から口にのぼってくるものは、ただ「ありがとうございます。ありがとうございます」の感謝のことばとなってくるのである。そこから光明の生活は開かれる。現象界に「実相」の絶対善が、感謝の念によってつぎこまれるのである。そして現象世界が絶対善の実相世界の投影となるのである。

想念を浄《きよ》めよ、其処《そこ》には善のみがある

吾々《われわれ》は余りにも長期間に亙《わた》って、現象界の実質であるところの想念の世界に「悪の想《おも》い」をつぎこんで来たのである。吾々は清らかな澄《す》きとおった清冽《せいれつ》な水のような実相の世界に、「悪」の想念の泥をなげこんで、それをかきまわして、「この水は濁《にご》っている」というが如《ごと》くに「この世界には悪がみちている」とよんできたのである。それ

は結局自分の想念の影を見ているのであって、本当に悪は実在するのではないのである。水は濁ったように見えても、水そのものは常に純粋なる酸素水素の化合物であって、濁っているのは水ではなくて泥そのものが濁っているにすぎないのである。それと同じく、汚《きた》なく見えるのは実相が汚ないのではなくして、自分の想念で濁らしたその想念そのものが汚ないのにすぎないのである。想念を浄めよ、そうすればこの世界は、純粋の水の如き清らかな実相がそのままに見えてくるのであって、即《すなわ》ち天国が地上に実現するのである。

物質と見えるものは想念の具象化である

二十世紀になってからも人類の最大の発見は事物の根柢《こんてい》に横たわるものは単なる物質ではなくして、「想念」であるということの発見であるのである。新興物理学の進歩に従って物質は結局「無」なるところのエーテルのうずまきにすぎないということが発見され、かくてそのエーテルを動かしているところの力は、「形のない知性的エネルギー」であるということが発見されたのであって、知性的エネルギーとは即《すなわ》ち想念に外《ほか》ならないのであるということが発見されたのである。宇宙にみつる一大本源が神であり、すべての天体も鉱物も植物も生物も、すべてこの「神の一人知性的エネルギー」によって具象化されたものであるということが発見されたのである。

その「知性的エネルギー」が吾々《われわれ》に宿って、吾々の生命となっているのである。従って吾々の起す想念は宇宙にみつる神の想念の一部であり全体につながっているのであって、吾々の想念が事物を創作するという力があるということは当然のことなのである。だから、根本に於《お》いてこの世界の実相が「絶対善」であっても吾々は想念によって仮りに悪をこの世界に創造して、それによって自ら苦しむことができるのである。

真の智慧《ちえ》による新生活の樹立

まことにもこの世界が悪の様相を呈《てい》するのは、吾々《われわれ》が「善悪を知る樹《き》」の実《み》をたべて善悪の想念にとらわれる様になったからである。善悪の観念にとらわれるのは、五官の現象的な現れを見てそれを実相だと思うからである。これを称して「蛇の智慧にだまされる」というのである。智慧の樹《こ》の実《み》をたべるように教えたのは蛇であって、蛇とは地面即《すなわ》ち物質にぴったりくっついて歩むもの――物質をありと認めるところの五官智の象徴である。

吾々は五官の感覚によって認めるところのものをありと思ってはならないのである。透明なる水は殆《ほと》んど見えないのであって、濁《にご》りがあるので見えるのである。そして水というものは皆多少不純で濁っているものである。――それと同じく実相は五官には見えないのであって、吾々の濁った想念である影が見えるのである。そしてこの世界は濁っていると云《い》い、悪であるという。かかる想念をおこすことが又濁りとなるのである。かくて濁りは濁りを生みて停止するところを知らない。かくて現象界は苦しいという、この濁りを途中で中断する道は吾々が心の法則を知り、再び心に濁りを生ぜしめないように工夫することである。それは現象の濁りからまず目を放つことである。そして実相の玲瓏珠《れいろうたま》の如《ごと》き世界を見つめて、心をすみきらせることである。心の目を放って実相を見よ。実相の世界を見よ。実相の人間を見よ。神はただ善である。神の造り給うた此《こ》の世界はただ善である。そして神の造り給うた神の子も又ただ善である。自分のみが善であるばかりでなくすべての人間がただ善である。このことを常に自分の心の中《うち》に唱えるべきである。しかし自分自身に於《お》いて、自分自身をとりかこむところの周囲に於て、神の造り給うたところの円満完全なる相《すがた》を見よ。そこに神が現れる。神の国が現れるのである。

これこそがキリストが「神の国は汝《なんじ》の中《うち》にあり」といい給いし言葉の真の意味である。善のみが実在であるから吾々が悪の想念の上に、悪の計画の上に、自分の生活を打ちたてようとするならば、それは存在せざる基礎の上に生活をうちたてるのだから、結局その人の生活はほろびてしまうのである。善のみが実在であるから吾々を支えてくれるところの実在する力はただ善のみであるのである。善に支えられないものは結局滅びるのである。吾々が栄えるところの原理は結局「実在」を見出すこと、実在は絶対善であるからその善の上に生活をうちたてるとき、現象界にも真の善が出て来るのである。

第三章　生活創造の原理

完全は天の規範であり、完全なるものを意欲するのが人間の規範である。

（『續《ぞく》ゲーテ語録《ごろく》』奥津彦重訳）

自己改造と自己没却《ぼつきやく》と

生活創造の原理には二つの方面があるということができるのである。それは西洋的なる面と、東洋的なる面とである。前者は「自己改造」を主張とするものであるが後者は「自己没却」を主流とするものである。即《すなわ》ち西洋的な生活創造の原理はできるだけ自我《じが》に附属《ふぞく》する所の一切のものを、拡張し、伸展し、できるだけ肉体を健康ならしめ、経済的に豊かとなり、家庭も、環境も、愉快に豊富に花爛漫《らんまん》とさせんと願うが如《ごと》き心である。これに反して東洋的なる生活創造の原理は、かくの如き自己の外的所有の抹殺によって、内的自我の向上を目ざすものであって、それは概《おおむ》ね肉体の苦行《くぎょう》、清貧礼讃《らいさん》、受難歓迎、苦痛による自己練成等の方向に進もうとするのである。

無論《むろん》、かりに西洋的といい、又東洋的といったのであるけれども、これは必ずしも地域的に区別が截然《せつぜん》と別れているのでなく、西洋人にも聖フランシスの如き肉体自我の没却にその修養方法を集中し、病気と貧乏とを神に近づく神聖なる象徴とした如き者もあるのであり、東洋人にも無数の豊富華麗《かれい》な生活を目標に生活した人も多いのである。けれども、ここにかりに、西洋的と東洋的と一般に呼びならされている名称を用いきたったのは要するに表現の対照の便利のためにすぎないのである。

　自己改造の生活創造の原理はたしかに現代の西洋文明の基調をなしている所のものであり、西洋文化の世界的支配は、自己改造の生活創造原理が現実生活指導の原理として如何《いか》に優秀であるかを示す所の証拠だということもできるのである。然《しか》し、そこには、シュペングラーがその著『西洋の没落』に於《お》いて指摘したる如き欠陥を含んでいるのである。自己拡張の生活創造の原理は結局飽くなき自己進出と、他者への圧倒を試みるのであって、それは、力強いけれども、決して高貴であるということはできないのである。これに反して自己没却の生活創造の原理は、それが自己の滅却に始まるが故《ゆえ》に、力強いということはできないのであるけれども、それはどこかに高貴の面影を蔵しているのである。ソクラテスも、セネカも、釈迦《しゃか》も、キリストも、その行き方は違っているにせよ、結局は、この東洋的な自己没却の生活原理によってその生活を生き抜いた人であって、これらの人々の物質生活が、現代の西洋文化的経済社会に於ける富豪の生活のように豊富華麗でないにしても、そのような俗物の生活よりもはるかにすぐれたる高貴さを見出すことができるのである。

東洋と西洋とを超えるもの

これは人種の差別ではない。ソクラテスも、セネカも、寧《むし》ろ分類すれば彼らは西洋人であったのである。西洋文化の中にまた東洋的なものと、西洋的なものとがある。西洋文化には、古代ギリシャの肉体美讃美のヘレニズム精神とキリスト教的な肉体没《ぼっ》却《きゃく》のヘブライズム精神とが互《たがい》に交錯《こうさく》しているのであって、たんに西洋文化を自己拡張的、自己伸展的、物質的肉体的、快楽的追求的とのみみることはできないのであるけれども、キリストの誕生地がイスラエルであることから、それを東洋に含めるならば、東洋は自己没却的な精神に於《お》いてすぐれており、西洋は自己改造的な精神に於いてすぐれていると概括《がいかつ》しても差支えがないのであろうかとも考えられる。

自己没却の聖者を多数生みだしたアジヤは今それ自身の欠陥のために、（それは高貴ではあるけれど、それが極端に自己没却となってしまう時、それは現実生活が薄弱となる欠点を孕《はら》んでいるのであるから）今や西洋の物質文明の支配力のもとに跪《ひざま》ずいて、一向気勢が上らないのである。物質文明の自己拡張精神はその自己拡張の飽くなき触手《しょくしゅ》の衝突によって、相互に破壊し、激しく争闘しつつ滅びなければならないのであるが、自己没却の生活創造原理も、その自己滅却のその原理そのものの実現として、自ら滅びなければならない結果に立ちいたるのである。だから私は決して西洋精神にも、東洋精神にも、無条件に賛同するわけではないのである。又ヘレニズムにも、ヘブライズムにも、その何《いず》れにも無条件に味方するわけではないのである。

中道実相の道

そこに第三の道がなければならないのである。それはたんなる自己滅却《めっきゃく》でもなければ、又たんなる自己拡張でもないのである。それは中道実相の道である。それが自己滅却を通じて自己伸展する所の神の智慧《ちえ》の道である。それは受難礼讃《らいさん》ではないのである。それは受苦礼讃でもないのである。それはまた清貧礼讃でもないのである。そのような自ら構えたる、傾いたる「礼讃」はないのである。自分を滅却するとは、そのような傾いたる「自己破壊慾《よく》」をも滅却しなければならないのである。ただそのままになるのである。そのままになって自分の実相をみる。そして自分の実相が他を傷つけなければ自己伸展し得ないような不自由なものでないことを見る。同時に又自分は苦行《くぎょう》や、清貧や、受苦によって浄《きよ》められなければならないような不完全な存在でないことをみるのである。

生活創造は行動から

生活の正しき創造は、この正しき人生と人間との観方《みかた》から始まらなければならないのである。然《しか》したんなる「観《かん》」だけでは生活のすわり方がきまった丈《だけ》であって、真の生活の創造は「行動」によって行われなければならないのである。如何に行動するかが問題である。ただ世界をあるが儘《まま》に善しとみているだけでは生活の創造はできないのである。行動なき観だけでは設計図はできたが建築しない家の様なものである。生活は自己建築しなければならないのである。

生活の自己建築は、自己拡張から始まるか、自己没却《ぼつきゃく》から始まるか――これが問題であるのである。他を殺して自分を拡張する行動をとるか、自分を殺して他を拡張せしめる行動をとるか、どちらかという問題である。そうはいってみたものの、西洋的及び東洋的なる生活創造の原理を超越して中道実相の善一元的な世界観及び人間観をもっている我々にとっては、他を殺さなければ自分が伸びられないというような矛盾はないのである。「行動する」即《すなわ》ち「働く」ということは自分が働くこと即ち伸展することが「側《はた》をらくにする」という意味であるのであって、人のために設けることが自分もうけとなるのである。自分が富むことをそれ自身目的として望むのではないが、人を富ませることによって自分が富むのである。人を喜ばせることによって自分が喜べるのである。人を愉快にさせることによって自分が愉快になるのである。この世界は原因結果の法則に支配されているのであって、これは物理学上の運動と反動との原理と同じことが人生百般の問題に行われるのである。噴射推進機の原理のように、自分が推《お》しだしただけ、自分が推しかえされるのである。与えるだけの力が無量に自分に対してなげかえされるのである。彼に与えた通りのものが自分に与えられる。だからルカ伝第六章第三十六節――三十八節には次の如《ごと》くかかれているのである。――

「汝《なんじ》らの父の慈悲深きが如く汝らも慈悲深くあれ。人をさばくな。さらば汝らもさばかることあらじ。人を罪にさだむな。さらば汝ら罪にさだまることあらじ。人を赦《ゆる》せよ。されば汝らも赦されん。人に与えよ、されば汝らも与えられん。人は量《はかり》をよくし、押しいれ、ゆすり入《い》れ、あふるるまでにして汝らのふところに入《い》れん。汝ら己《おの》が量《はか》る量《はかり》にてはからるべし。」

それなのに多くの人々は、たとえば人をほめれば自分の値打が下ったかの如く人の悪口《あっこう》ばかりをいいたがるのである。それはこの原因結果の法則即ち力学上の「反動の法則」を知らないからである。奥津彦重博士《おくつひこしげはくし》『續《ぞく》ゲーテ語録《ごろく》』は生長の家の「智慧《ちえ》の言葉」の如く深い思索とインスピレーションに基く宝玉《ほうぎょく》のような言葉にみちているが、その中にもこんなことが書かれている――

「友人の欠点を数えたがる人があるが、そんなことをしても何ら得る所はあるまい。私は常に私の反対者の功績に注意を払って来て私益《しえき》を得ている。」

「敵をその在命中にけなすのは愚《おろ》かなことであり、敵を己れの勝利の後にけなすのは卑劣《ひれつ》である。」

「根本悪とは、自分はできるだけ立派なものになりたいが、他人はつまらぬものであればよい。否《いな》一そうのことといなければよいと考えることである。」

「何故《なにゆえ》に誹謗《ひぼう》ばかりがきこえて来るのか。人々は少しでも他人の功績をみとめると、それで己れの品位が汚《けが》されると信じているのだ。」

ともかくゲーテは深く人生を見詰《みつ》めて深い真理に到着している。彼が指摘した様なこういう卑劣な人間が多い事が人生から幸福がなくなり、喜びが消え、争いがふえる所の原因なのである。まず吾々《われわれ》は「与えたる力とその反動とは等量である」というニュートンの第三法則がたんに物質界のみならず精神界にも、道徳的世界にも、経済的世界にも厳重に行われる事を知らなければならないのである。

従って、奪うものは必ず奪われるのである。ものを失う所のもっとも確実なる方法は自分に属しないものを自分のものとして奪うことである。それはいつかは奪い返されて元のもくあみになってしまうのである。これに反して、ものを得《う》る所の最も確実なる方法は、自分に属するものを人に与えるということである。もっとも無暗に人に与えて損をしたという人があるが、その「無暗《むやみ》」にという所に「注意深さ」や、「深切《しんせつ》なおもんぱかり」を与えなかったことが現れているのであって、結果には必ずそれにふさわしい原因があるのである。原因のない結果はあり得ないのであって、原因がないのにこんな不幸な結果を得たと考えている人がいるならばそれは原因が無意識の中《うち》でかくされているか気がつかないのであって、決して原因がないのではないのである。

不行為はマイナスの行動である

行わないということも一つの消極的行為である。何もしないのに不幸が来たというのは、実は何もしないから不幸が来たのである。生活の創造は心で考えているだけで何もしないでいることによってはできるものはないのである。だからキリストは「汝《なんじ》ら吾《われ》を主《しゅ》よ主よと呼びつつ何《なん》ぞ吾《わ》がいうことを行わぬか。凡《およ》そ吾《われ》に来たり吾《わ》が言葉をききて行うものは、如何《いか》なる人に似たるかを示さん。即《すなわ》ち家をたつるに、地を深く掘り、巌《いわお》の上に基《もとい》をすえたる人の如《ごと》し。洪水《おおみず》出でて流れその家をつけども動かすこと能《あた》わず、これ固くたてられたるが故《ゆえ》なり」（ルカ伝第六章四十六節、四十七節）

即ち洪水が来ても河のつつみを高くきずいて氾濫《はんらん》しないようにしておけば洪水の災《さい》厄《やく》にあわないのであるけれども、毎年洪水が来ることを知りながら堤《つつみ》を築かないで洪水にあうものは、その「不行為」という消極的行動が原因となって、その結果を自分が受けることになっているのである。だから光明思想を研究し、その理論はわかったけれども、そしてそれを信じているけれどもやっぱり不幸が来たという人があるならば、それは光明思想を生活に実践しない所に問題があるということができるのである。彼は人を助くべき時に助けたであろうか。彼は人に与えるべき時に与えたであろうか。彼は人に教えを伝え得《う》る時に伝えたであろうか。その不行動が原因となって、自分が幸福を与えらるべき時に与えられないことの結果が起っているのである。種を蒔《ま》く時期に蒔かないものは、刈りとるときに刈りとることができないのである。

不行為は一種の消極的行動であり、行動なければ何事も起らないのである。人生は坂道に車を押すが如きものである。押さないでいる時には逆に下降《かこう》するのである。それは重力の法則の如きものである。何故《なぜ》生命がそういう様になっているか。それは生命は、「動」であるから、動かない事それ自身が「生命」それ自身を抹殺《まっさつ》する事になっているからである。生命は行動と経験とによってのみ進歩し、発達し、洗煉《せんれん》されるのである。ただ神さまを拝んでおればそれだけで足りるというが如きものではないのである。祈りは必要であるが、キリストはただ祈ってばかりはいなかったのである。彼は、伝道したのである。彼は自ら進んで行動したのである。努力なしには何ものも与えられる事はないのである。絶対他力《たりき》の真宗《しんしゅう》の教えでさえも「南無阿弥陀仏《なむあみだぶつ》」と称名念仏《しょうみょう》する事は人間自身でしなければならないのである。「神にふりむく」という心の態度に完全になり切る事は余程深い修練と努力なしにはできがたい事である。

幸福は自己が創造する

幸福は自己創造のものである。収穫は自己のまいた種だけを刈りとるのである。「物惜しみをしない時には何人《なんぴと》も好意を得《う》るのである」とゲーテの語録は語っている。与えたものが必ずしもその通りの形のものとしてかえってくるのではないのである。それは石炭を与えてそれをもやすと、汽車が進行するという形でかえって来るように形は変って等量の結果が帰って来るのである。従って与えた通りの等量のものがかえって来るといっても形は変ってくることに注意しなければならない。自分にはそんな原因がないのにこんな不幸な報《むく》いを受けるなどということを考えたりする人がでて来るのは此《こ》の為である。本当に愛深い人はその愛が目にみえないでもその人はひろびろとした世界に住むことができるのである。「深切《しんせつ》は、正義の有する広い領域よりも更《さら》に大きい場所をしめる」とゲーテはいっている。キリストの愛は全世界を占領してしまったのである。自分の全部を世界に与えてしまったときに世界は自分のものとなったのである。然《しか》しその世界を自分のものとする仕方は、決して物質的に世界を占領するというような形に於《お》いてではないのである。

「神」は実現すべき可能性として自己の内にある

神は外にあるのではなくして自分の中《うち》にあるのである。自分が努力することは神が努力することとなのである。もっともその「自分」というものの中《うち》には、本来神であるところの「本当の自分」もあれば本来神でない所の「ニセモノの自分」もあるのである。そこで吾々《われわれ》の努力する目標は「ニセモノの自分」を没却《ぼっきゃく》して「本物の自分」をより一そう伸展するように努力することである。

凡《あら》ゆる宗教は人間の実相即《すなわ》ち「本当の自分」を自覚せしめそれを最高度に実現するためのものでなければならないのである。人生の目的は結局其処《そこ》にあるのである。人間は地上に於《お》ける神の最高度の自己実現ではあるが、すべての人間が現代の状態のままで最高度に完成しているというわけではないのである。その真の完全さはやがて実現すべき可能性として実現するのである。それは彫刻さるべき大理石のようなものである。無限の可能性を内包する素材の上に創造の鑿《のみ》を加えて行く――そこに生活の創造があるのであり、生活の喜びがあるのである。そこに各人の自由の努力を要するのである。努力なくして何ごとをも成就《じょうじゅ》することはできないのである。「知るのでは充分ではなく応用しなくてはならない。欲するのでは充分ではなく行わなければならない」とゲーテはいう。ゲーテは色々の点において光明思想家であったといえるのである。

完全理想の実現を目指して

完全なる人格――といっても地上に於《お》けるすべての完全さは、相対的完全さであり、絶対的完全さの象徴としてそこに現れているのであるから、尚《なお》一層完全なる象徴にまで吾々《われわれ》自身の人格を、そして肉体を向上せしめることができるのである。その向上の努力の中《うち》に、創造の喜びがあるのである。吾々はその努力によって尚一層完全なる人格にまで自分自身を磨きあげると共に、尚一層自分自身の肉体をも、神の自己実現の象徴として尚一層健全なる美しき肉体に迄《まで》高めあげなければならないのである。そして遂に人間の進化の最高峰であったエリヤや、イエスや、弘法大師《こうぼうだいし》が、肉体を残さずして永遠に生きる霊体に迄、肉体の状態を改造した如《ごと》くにまで達する事を理想として も、理想に過ぐるという事はないのである。

人間の寿命というものは、色々の要素があって定まるのであって、人間が地上に於いてその魂を発達せしめるために生活するべく与えられた期間を完全に生き伸びている人は殆《ほと》んど全くないといって好《よ》い位《くらい》である。

だから各民族は、その生活状態の如何《いかん》によって、その民族の平均寿命というものは非常に異っている。かつて、印度《インド》に於ける人間の平均寿命は二十七歳であるといわれていた。支那《しな》に於いては約三十三歳といわれヨーロッパに於いては四十五歳といわれていた。アメリカに於いては六十七歳といわれていたのである。もし人間の寿命が予《あらかじ》め定められている通りの長さだけ生きるものであったならば、このように各民族によってその平均寿命のひらきがこんなにも甚《はなは》だしいことがある筈《はず》はないのである。そうしてみれば、吾々が生活状態をもっとより良くすることによって寿命を更《さら》に延ばし得《う》るということが考えられなければならないのである。即《すなわ》ち寿命は、自己の生活創造によって変化し得《う》るものだという結論に到達するのである。肉体細胞は間断なく新しき培養基をもって培養すれば永遠に不死であるということは生理学上の実験によって証明されているのであるから、もし吾々が培養基を間断なく新しくする如く、肉体内を還流する液体がすべての毒素を運び去り新しき栄養を供給して新陳代謝を完全になし得《う》るならば、肉体は永遠に老いないという希望も実現せしめることが可能である筈であるのである。

動・反動の因果の法則

ともかく吾々《われわれ》の肉体年齢にせよ、吾々の環境及び身辺に起る色々の問題にせよ、悉《ことごと》く人間に属するものは人間の自己創造によるものであるのである。多くの人々は、病気や、老衰や、不幸や、災難を外からやってくるかの如《ごと》く考えがちであるけれども、それは結局原因結果の法則に対する無智から来るのである。知らず識《し》らず犯した原因が知らず識らずの中《うち》に結果を招いているのである。雑草は知らずに蒔《ま》いても、それは到る処《ところ》にはびこるのである。人生の苦痛は何故《なぜ》おこるか。これは自己創造である。自分がその種を蒔いているのである。何時如何《いついか》にしてそれを蒔いたであろうか。それを彼は知らないのである。知らないから自分に原因がないと思って「人を恨《うら》む」のである。そして「人を恨む」という種を蒔くのである。そして人から恨まれたり嫌われたりする結果を来たす。そして自分は何もしないのにこんな不幸に陥《おちい》ったと、更《さら》に不幸の想念を蒔いて人生を呪詛《じゅそ》するのである。然《しか》し、再び云《い》う。人間の運命にはニュートンの力学の法則と同じものが行われるのである。自分が奪った程度に自分は奪われ、自分が傷つけた程度に傷つけられるのである。人を傷つけることなしに自分が傷つけられるということはあり得ないのである。自分が人の権利をおかすことなしに自分の権利をおかされるということはあり得ないである。すべての人間は、神の自己実現として、不可侵《ふかしん》の人権をもっているのである、その人間の実相の尊厳が自らの許しと、自らの行為なくしては、傷つけられるということは絶対にないのである。病むということ、老いるということ、死すということ、生活に苦しむということ——これら人生の四苦《く》は外から来たるのではなくして、自分がそれを許し、それにふさわしき行為を行うことによってのみ、その災《わざわい》を蒙《こう》むるのである。吾々は自分自身がそのような人生の苦しみに悩まされないようにするためにはまず隣人を神の子として尊敬し、その尊敬を傷つけず、冒《おか》さず、奪わず、争わないようにしなければならないのである。ここにキリストの「汝《なんじ》がせられんと欲する如く他の人になせ」と絶対命令が、自分を幸福にする根本原則として存在するのである。

汝《なんじ》の凡《あら》ゆる瞬間を人類に対する善念で満たすべし

吾々《われわれ》の全生活を、すべての瞬間を、人類に対する而《しか》してすべての事物に対する善念を以《もっ》て満たすということが、自分の生活を幸福に築きあげる所の秘訣であるのである。ゲーテはその秘訣を知っていたかの如《ごと》く思われる。ゲーテの『ヘルマンとドロテーア』の中には

「瞬間のみが、人間の生とその全運命とを捧げる」

と書かれているのであり、又彼は『イタリア紀行』の中に、「私の発見した所では真に賢明な人間のすべては、多かれ少なかれ、或《あるい》は柔軟《じゅうなん》の差こそあれ、次のような意見に達し、又その意見を固執《こしゅう》するものである。即《すなわ》ち、瞬間が万事である」と書いているのである。

吾々は時々、刻々、瞬々、エンジンのガソリンが爆発して自動車が前進するように、自分の想念感情が爆発し、それが行動となって自分の運命を前進せしめつつあるのである。その想念の爆発力は、自分の想念の舵《かじ》とる方向に「運命の自動車」を前進せしめつつあるのである。嘗《かつ》て奪いし者は奪われる方向に、与えしものは与えられる方向に、憎みし者は憎まれる方向に、愛せしものは愛される方向に、与えた力はその

等量を以て自分自身に向って反動し来たりつつあるのである。人間には三つの権利があるといわれている。生きる権利、自由である権利、幸福を追求する権利、この三つの権利が侵害されない時、人間は生き甲斐を感ずるのである。生活の創造はこの三つの権利を隣人から奪わないようにすることから始まらなければならないのである。自分は他の人のこれら三つの権利を確保してやるようにつとめる時、自分自身のこれら三つの権利も確保せられるのである。吾々は他の人々からこれら三つの権利を奪うようにすることもできるであろう。そして一時は勝利者としての快感を味《あじわ》うことができるかも知れない。けれどもそれは、自分自身が却《かえ》って「苦《にが》き杯《さかずき》」をなめることなしにはそれはできないのである。他の人の生活権をおびやかしてはならない。他の人の自由をしばってはならない、他の人の幸福を奪ってはならない。これが自分の生活を幸福に創造する根本原理であるのである。

第四章　先ず真の「自己」を発見せよ

斯《か》くの如《ごと》き人間を求む

「生命の無数の盃《さかずき》の中に、ただ一杯のみ本当に完全なるコクテルがある」とエマースンは言っている。それはあらゆる要素が完全に調和されている人物のことを指すのである。かくの如き人物の眼《まなこ》は優しく、されど余り鈍《にぶ》からず、余り温和ならず、しかも、燃える焰《ほのお》をもち、しかもその鋭《する》どさは愛によってやわらげられ、すべてのものに鋭敏《えいびん》に反応しながらも神経過敏にならず、浮薄《ふはく》ならず、大綱《たいこう》をつかんで而《しか》も細目《さいもく》に行き届き、一切の印象をよく感受し、よく受け容《い》れ、一切の善きものを調和してわがものとする寛容をもつ人である。かくの如き人には常に幸運のみがつきまとう。

諸君はすべからく斯くの如き人とならなければならないのである。新しい団体が出来るとき直ちに感ずるのは人物がないと云《い》うことである。全体を統率する人格的力がなく、行き届いた計画性がないと云うことである。どこにも人物が見当らないな、と嘆息これを久しゅうするのである。

何故《なぜ》かくの如く人物がないのであろうか。古代ギリシャの哲人ダイオジェネスは昼日中《ひなか》に提燈《ちょうちん》をとぼして「人物、人物」と云って探して歩いたと云うことである。都市の盛り場へ往《い》っては「人間よ、集れ、人間よ、集れ」と大声疾呼《たいせいしっこ》した。すると多勢《おおぜい》の野次馬《やじうま》が、何事が出て来たのであろうかと思って出て来る。すると彼は、「わしは人間を求めているのだ。そんな侏儒《こびと》をもとめているのではない」と呶鳴《どな》った。職業がないのではない。世界は「人間」を求めているのである。しかし「人間」がなく、「人間」でない人間が職業を求めているのである。

凡《あら》ゆる方面に完全なる全人《ぜんじん》となれ

「人間」とは「完全人《じん》」であって、偏寄《かたよ》った人物のことではない。如何《いか》に一方にすぐれたる天分があっても、その天分が全体の人間の完全なる発達を蔽《おお》いかくしてしまい、人間を跛《ちんば》にしてしまい、変屈にしてしまい、あらゆる方面にわたる調和が失われてしまったとき、その人は一種の「片輪《かたわ》」であり、「人間」ではないのである。

宗教家や、芸術家には変人が多いけれども、真に大宗教家となり、芸術家となるためには、多くの人々を知らねばならぬ。あらゆる人生の場面に於《お》ける悩みも悲しみも悦《よろこ》びもよく嚙《か》みしめて味《あじわ》ったのち、更《さら》にそれを客観視し得《う》る高所にまで超越しなければならないのである。自分だけの人生しか知らない者は、小説家となっても私小説しか書き得ないのであるけれども、百万の人々の心を知るもののみ、沙翁《シェークスピア》の如《ごと》く、バルザックの如く、無数の人物を偏寄《かたよ》りなく書きあらわすことが出来るのである。嘗《かつ》て、ウィンの作曲コンテストの優勝盃を獲《え》た江藤輝《えとうあきら》氏が「即興曲の如きものは簡単に即興的に訪れて来るインスピレーションで書き得《う》るのであるけれども、無数の楽器の交響する一大オーケストラを創作するには、雲を摩《ま》する大建築物を構築するが如き高等数学的な設計を要するのであって、自分が最初高等工業に入学して高等数学を習ったことは後年、大交響楽の作曲に大いに役立ったのである。」と言われたことがあるが、すべて大《おお》いなる制作には人生の凡《あら》ゆる問題に対する理解がなければならないのである。

職業は人類への奉仕と自己訓練のためである

人間は金を儲《もう》けるため職業を求めてはならない。人間が職業をもつと云《い》うことは、(一)神の愛の実現のため――すなわち、人類の幸福のために奉仕せんがためであり、(二)職業を通して自己内在の能力を喚《よ》び出し、それを訓練発達せしめ、自己教育を完成し、困難に面しても屈服せず、一切のことに行き届く注意力を養成し、兄弟同胞に協力することの喜びを知り広く深く人格を完成せんがためであるのである。報酬として来る金銭の如《ごと》きは単なる人格完成途上の随伴的功徳《くどく》であって、職業の主要目的ではないのである。如何《いか》にその報酬たる金銭の額が多くとも、献げられる生活を送ることなく、金銭を目的として自己の労力を売るものは、それが肉体を「売る」点に於《お》いて「売淫《ばいいん》」と異《こと》ならないのである。然《しか》るに金銭的報酬の多寡《たか》にのみ心を奪われ、自己訓練の好機として与えられている職業の本質を観《み》ることを能《あた》わず、賃金の向上のみを目的として、人間相互の闘争を煽動《せんどう》し、又はその煽動に教唆《きょうさ》せられて、みずから憎悪《ぞうお》と闘争の鬼となり、自己の人格破壊をみずから企《くわだ》てているが如きは、誠に嘆かわしき事だと云わなければならないのである。

教養ある人格を養成せよ

円満にバランスされたる人格こそ、真に神の最高の自己顕現たる人間の理想でなければならないのである。凡《およ》そ「教養ある人格」とは単にある一方面の知識に秀《ひい》でている人格と云《い》うのみではないのである。その人が音楽に堪能《たんのう》であるからとて、決して教養ある人格と云うことは出来ないのである。その人が美術の制作に堪能であるからとて、その人を教養ある人格と云うことは出来ないのである。千万人を武力にて征服する力ありとて其《そ》の人を教養ある人格と云うことは出来ないのである。教養ある人格とは、その学識と智能と、愛や理解や同情や寛大さやその他あらゆる人格的要素が円満にバランスされている人格であることを要するのである。かかる人格こそ真に「人間」と称することを得《う》るのである。

かかる教養ある人物になることこそ青年の目的でなければならないのである。

青年よ。脚下《きゃっか》を照顧《しょうこ》せよ。偏見を捨てよ、一方に偏寄《かたよ》るな。かかる円満にして不偏《ふへん》なる人間をこそ世界は求めているのである。多くの青年が中途にて道を見失い、挫折し、失脚するのは、青年気鋭、あまりに全体を見渡す余裕なく、偏寄った一方のみを正しいと見て偏見一路、歪《ゆが》んだ方向に邁進《まいしん》するからである。

生き甲斐の感じは自己の内部理想の満足である

あらゆる善と美とは神より来るのである。人間が地上に生れた目的は「神」をこの世に顕現せんがためである。「神」のみが実在であり、実在するもののみが価値である。実在しないものは無価値である。従って価値ある生活を送ろうとする者は、「神」をこの世に生きるほかには道はないのである。価値とは値打《ねうち》である。値打とは音打《ねうち》である。「音《ね》」はコトバである。コトバは「神」である(ヨハネ伝第一章)。神の生命の振動がコトバである、それが吾々《われわれ》の内に内在の言《コトバ》として宿っているのである。内部神性《しんせい》の囁《ささや》きであり、内部理想の呼びかけである。それを生きなければ、人間は「生き甲斐」を感ずることは出来ないのである。「生き甲斐」の感じを価値観と称するのである。即《すなわ》ち「内部神性」が「斯《か》くの如《ごと》く生きよ」と叫ぶその至上命令に服したとき人間は「自己に宿る神性《カミノコトバ》」――即ち「値打」の感じの賞讃の声をきくのである。

自己発見と自己発掘《はっくつ》

人間は、その内性《ないせい》に於《お》いては神である。しかし、神であるけれども自己が発見し、発掘しただけのものしか現象界に於いては自分のものとはならないのである。先ず自己発見が大切である。「自己とは如何《いか》なるものか」――汝《なんじ》みずからを知れと云《い》うのがソクラテスの箴言《しんげん》であった。汝は肉情の奴隷《どれい》となるべく定められたる単なる動物的存在であるか。それとも肉体は唯《ただ》の道具であって「霊」なる存在であるところの「神」自身が自分であるか。この二つの人間観の中間的な立場にある人々も多数あり、「人間・神の子」と概括的《がいかつてき》に自覚した立場にある人も、自己発見の深さに於いて多種多様であり、一様だと云う訳には行かないのである。だから深く自己発見することが必要なのである。愈々《いよいよ》深く自己発見をなし得た程度に従ってその人の生活の基礎は鞏固《きょうこ》となる。しかし、それは基礎だけである。「人間、神の子」と自覚しても、その基礎自覚の上に眠っているのでは何にもならないのである。その基礎の上に立って自己発掘しなければならぬ。自己発見は「知」の上の自覚であるが、自己発掘は「愛」と「生命」（実践）の上での自覚である。吾々《われわれ》は愛を行《ぎょう》じなければならないし、それと同時に、生命力を時々刻々、その理想発現の上に発揮しなければならないのである。

先ず確信、次には決意を

人間が自己の内に、無限にして完全円満なる神性《しんせい》を有すると云《い》うことは、吾等《われら》に無限の歓喜と希望とを与えてくれるものであるが、かかる無限に完全なる神性を発揮し得《う》ると云うような輝かしき希望は果して実現することが出来るものであろうか。決してそれを実現し得ないと云う理由はないのである。農夫の蒔《ま》く種子は必ずそれが生長し実を結び得《う》る沃地《よくち》に蒔かれるのであって、それが育たない磽确《ぎょうかく》の地に蒔かれると云うことはないのである。諸君の内に「神性」の種子が蒔かれていると云うことそれ自体が、その種子の生育と結実とを約束しているのである。蒔いた者は農夫よりも賢明なる神である。その「神性」の種子を蒔くのに、それが育たず、実を結ばないところに蒔かれると云うことはないのである。神は必ず、諸君に於《お》いて、その「神性」の種子がよく生育し、実を結ぶことを予想して、諸君に神性を植えつけられたのである。何よりも先ず諸君はこれを信じなければならないのである。諸君に於いて可能なることとは、諸君自身が先ず「出来る」と確信したことのみである。「われに於いて、神が宿り、その神性は必ず我れに於いて限りなく完全に力強く発現し得《う》る」と確信せよ。確信の次には、決意が必要である。「我れ必ず之《これ》を成さんと欲す、我が欲するは神が欲したまうのである」と決意せよ。諸君の前に横たわる障礙《しょうがい》は決して物質的条件ではないのである。すべての障礙は心的なものである。「出来ない」と思う障壁、「疑う」と云う障壁、自己劣等感の障壁、優柔不断と云う障壁、不信、不決断、意志薄弱の障壁——斯《か》くの如《ごと》き障壁を打ち破るときはじめて神性発現の凱歌《がいか》はあがるのである。

万有《ばんゆう》一切の神性《しんせい》を礼拝《らいはい》せよ

自己神視《しんし》の信念が、同時に「他の人は迷っている」と云《い》うような「他人蔑視《べっし》」の観念に伴われるとき、それは却《かえ》って自己内在の「神性」を生育し生長せしめ、結実せしめる妨《さまた》げとなるのである。諸君が神の子であるならば同時にすべての人間も神の子である。人間のみならず、すべての生きとし生けるもの、ありとしあらゆるものが神のある段階に於《お》ける自己表現であって、その内性《ないせい》に於いて、その本性《ほんせい》に於いて、互《たがい》に兄弟であるとの自覚をもたなければならないのである。即《すなわ》ち釈迦《しやか》が悟りをひらかれたとき、「有情《うじよう》、非情同時成道《ひじようどうじじようどう》。山川草木国土悉皆成仏《さんせんそうもくこくどしつかいじようぶつ》」と万有を讃嘆せられたように、一切の情《こころ》あるものと、情《こころ》なきものとを礼拝する心境にならなければならないのである。この心境に達したとき、諸君は万有一切と調和するのである。万有一切と調和したとき、万有一切から祝福され、万有一切が諸君に与え得《う》る一切の恵福《けいふく》を受けることが出来るのである。よく受くることの出来るものは、心の広きものである。心狭くして唯《ただ》、他の欠点のみを暴《あば》き合い、批難、攻撃、揚足《あげあし》とり、羨望嫉妬《せんぼうしつと》の悪情に燃えさかって、血まなこになって闘争を事とするとき、人間は自己内在の神性をその争闘精神にくらまされ、その神性の種子は、憤怒《ふんぬ》、嫉妬、憎悪《ぞうお》の毒瓦斯《ガス》にあてられて窒息《ちつそく》してしまうのである。

不完全な姿は「観《み》る心」の歪《ゆが》みの反映である

そこで問題は、すべてのものの実相を観るの一点に帰着するのである。釈迦《しやか》が悟りの境地に於《お》いて観たところの一切のものの「完全なる実相」を諸君も亦《また》、観ると云《い》うことである。キリスト教的に謂《い》うならば、神は必然的に善であるから、そしてすべてのものを創造したまうて「そのつくられたるすべての物を見たまいけるに甚《はなは》だ善《よ》かりき」（「創世記」第一章）であるのであるから、其処《そこ》に若《も》し不完全なものが現れているとするならば、その不完全さは実在ではなく、それはそれらを観る心の歪《ゆが》みの反映であるとしなければならないのである。真の諸君の父は、母は、良人《おっと》は、妻は、息子は、娘は、友人は、同僚は、上役は、部下は……悉《ことごと》く神の生命を宿し、神の最高の自己顕現として完全なのである。その不完全にあらわれて観えるのは、「身びいき」即《すなわ》ち何らかの利己的観念を通して観るからであり、心が全相にわたりて観察せず、我《が》の偏《かた》寄《よ》りたる立場から見るがゆえに眼鏡《めがね》のレンズを斜めにかけて物体を見れば、直線が曲線に見えるように歪んで見えるのである。心が全相にゆきわたらざるを迷いと云う意味が大乗起信論《だいじょうきしんろん》に書かれているのはそのためである。

罪人《つみびと》の立場を捨て神人《しんじん》の立場より行為せよ

過去の宗教の多くは人間を「罪人」と観《み》たのである。「汝《なんじ》ら罪人よ」の叫びは牧師の口より漏《も》れ、「罪悪深重《ざいあくじんじゅう》」の嘆きは法然《ほうねん》、親鸞《しんらん》の唇《くちびる》より漏れた。されど、「罪」と「悪」とに心を執《しゅう》せしめているときは如何《いか》に懺悔《ざんげ》すれども悔恨《かいこん》すれども、前科者の烙《らく》印《いん》を押されたる者が再び罪を犯すが如《ごと》く、罪を犯さずにはいられなくなるのである。それは「罪人」の精神的立場から罪を清めようとするからである。それは燃ゆる焔《ほのお》を油をもって消そうとし、火のついた煙草《たばこ》をもった手で煙を払うようなものであり、如何に向善《こうぜん》の努力を重ねようとも徒労に終るのである。そこで真に善に向わんと欲する者は方向転換を行わねばならない。吾々《われわれ》は「罪人」や「前科者」の立場からして行為をなしてはならないのである。「人間は神の子」の立場よりして行動しなければならないのである。さすれば「光」の立場から光を放射して「暗《やみ》」を消すがごとく不完全なる相《すがた》は消え、円満完全なる相《すがた》のみが実現することになるのである。

神性《しんせい》の導きに従いて五官の誘惑に従ってはならぬ

「神の子」の立場より行動するとき人間はイエスの如《ごと》く完全となり、「仏」の立場より行為するとき人間は釈迦《しゃか》の如く完全となるのである。と云《い》う意味は、自己内在の神性を表面に出して、その内在神性の「これを為せ」と云う至上命令のままに行為したときにのみ諸君は完全人《じん》となり得《う》ると云うことである。その他のものが如何《いか》なる「快楽」の様相をもって「これをなせ」と命令しようとも、それは単に誘惑に過ぎないのである。誘惑に従う者は破滅するほかはないのである。「内部の神性」が拒否するところのものは、如何にそれが栄華と快楽とを諸君に与えると約束しても諸君はそれを誘惑として拒絶しなければならないのである。聖書には「悪魔またイエスを最《い》と高き山につれゆき、世のもろもろの国と、その栄華とを示して『なんじ若《も》し平伏《ひれふ》して我《われ》を拝せば、此等《これら》を皆なんじに与えん』と云った。爰《ここ》にイエスは『サタンよ、退《しりぞ》け。〝主《しゅ》なる汝《なんじ》の神を拝し、ただ之《これ》にのみ事《つか》え奉《たてまつ》るべし〟と録《しる》されたるなり』と答えた」とあるのである。悪魔とは「五官の快楽」の象徴化である。「内部神性」の導きに従うか、「五官の快楽」の誘惑に従うか、これが重大なる問題なのである。五官の快楽の誘惑に従う者は滅びの道に行き、神性の導きに従う者は天国の道に通うのである。

窄《せま》き門より入《い》れ

神性《しんせい》の導きにのみ従って、五官の快楽の誘惑にのらないと云《い》うことには決して、現世的な幸福を捨て、修道院的な灰色の生活を送れと云うことではないのである。五官の快楽を餌《えさ》にして誘惑される門は広くして入り易いように見えるけれども、結局は断《だん》崖《がい》より墜落《ついらく》して楽園から追放せられるところの「滅びに到る門」である。内部神性の導くところの門は、窄く見え、一見窮屈にみえるけれども、その門の中はひろびろとして其処《そこ》には平和と健康と幸福に満たされた楽園があるのである。自己の快楽をねがわず、人のために愛他行《あいたぎょう》をつくしているとき、魂の法悦《ほうえつ》が得られるのは無論《むろん》のこと、その法悦から来る無上の平和の心境がやがてその事業にも健康にも反映して楽園のような具体的生活を実演し得《う》るようになるのである。すべて人間の幸福と不幸とは、自分自身が「内部神性」の導きに従っているか、従っていないかによって定まるのである。

神の御心《みこころ》は幸福と健康にある

諸君が現在、不幸であっても、また不健康であってもそれを嘆いてはならない。それは諸君自身の「過去の想念」の造構《ぞうこう》せるところであって、未来の諸君の運命が如何《いか》にあるかは、諸君がこれから造るところの想念が何であるかと云《い》うことによって定《き》まるのである。たとい諸君が生れつき不遇《ふぐう》の境涯《きょうがい》にあろうとも、赤ん坊に「過去の想念」なんてあるまいと思う人があるかも知れないが、それは、三世《ぜ》因果の理によって過去世《せ》の想念が、その次の現世《げんぜ》にあらわれたのであって、これは誤るところなき終始一貫せる真理であるのである。

人間の真の自主性を決定するところのものは、自分の運命は自己所造のものであって、自己のみが原因者であると云う自覚のありやなしやで決するのである。如何なる苦痛も、それは意識的なると無意識的なるとに拘《かかわ》らず、その受苦者がみずからつくった原因の結果であって、主人公は自分であると云う自覚が真に民主主義者の自覚であるのである。

諸君は病気を神の思召《おぼしめ》しだなどと考えてはならないのである。かく考えることは神の意志又は創造の中に病気を起す意図があると云うことを肯定することになるのであって、このような間違った考えがある間は、その人が信仰深くなればなるほど、信仰のゆえに、神の意志に従おうとするがゆえに、愈々《いよいよ》益々病気を自己の身体《からだ》に自己創造して、神のみこころの中に「病気がある」とみとめようとするようになるのである。吾々《われわれ》が「窄《せま》き門より入《い》れ」と云うのは、そのような「苦痛の門」や「病気の門」

から入れと云うのではないのである。五官の偽存在《にせ》の門から去って、実相の楽園の門から入れと云うのである。楽園の中には、生命の河が滔々《とうとう》と流れ、その両岸には生命の樹《き》が立ち並び、月ごとに実を結ぶのである。その「生命の実」を食するものは永遠に病むことなく、死することなき久遠《くおん》不滅の自覚を得《う》るのである。「生命の実」を食するとは「生命の実相」を深く腹の中まで理解することの象徴的表現であるのである。

愛念は神に感応《かんのう》するための最適の念波である

人間は小宇宙である。単なる小宇宙ではなく大宇宙の電源につながれたるラジオ・セットのようなものである。すべての組織と器官とは大宇宙の電源によって生かされ、大宇宙の叡智《えいち》によって無線操縦されているところの精妙なる有機体を構成しているのである。その無線操縦の叡智の波を完全に受信さえするならば、すべての肉体器官は健康に操縦され、叡智は泉のように滾々《こんこん》と流れ出で、肉体的にも精神的にも「神の子」と称するに足るような完全な生活を営む事が出来るのである。そのためには吾々《われわれ》は、大宇宙の生命（神）と波長を合わさなければならないし、大宇宙の叡智（神）と波長を合わさなければならないのである。波長を合わすには、吾らは神に先ず振向くことが必要である。そして自分の生命の生き方を大自然の法則にかなわしめなければならない。陰陽調和の法則や、中心帰一《きいつ》の法則や、緊張と弛緩《しかん》が交代に行われる法則や、従って夫婦生活の調和や、父母に対する従順と感謝や、運動と休養との交互配置や、与えると受けるとの適当な実践を具体的に行うことが必要であると同時に、心の波長を神そのものの波長に調節することが必要であるのである。即《すなわ》ち神は愛であるから常に愛念を起すと云《い》うことは神の霊波を完全に受信するために最も大切なる方法の一つである。如何《いか》に肉体的な生活が大自然の歩調に完全に合う生活を営んでいても、心の波長が神の霊波と感合《かんごう》しないところの憎みや怒りや嫉妬《しっと》や悲しみの念を起しているならば、宇宙の叡智の無線操縦の波を完全に受けることが出来ないがゆえに、やがては肉体的な機能にも故障を来《きた》し、生活の行路に於《お》いて、採《と》るべき時に適当に採るべき処置を知るところの叡智の波を受信し得ず、従って応変の処置を過《あやま》って思わぬところに大失敗を来《きた》すような結果ともなり、結局、その人の人生に何らかの行詰りを生ずるようになるのである。

ラジオがうまく受信しなくなった時には、大抵《たいてい》は放送局の故障ではなく、受信側のラジオ・セットに故障があるのである。その故障は機械的なこともあるが、単に波長を合わさないための故障もあるのである。しかも具体的な故障でさえも叡智が適当に働けば、何処《どこ》に故障があるかと云うことを直ちに発見して速《すみや》かにそのラジオ・セットを修復し得《う》るのである。叡智のない修理者は、あちらをいじり、こちらをいじり、終《つい》にそのセットを台なしにしてしまうのである。どうしても叡智の問題である。叡智は何処から来るか。それは愛を行《ぎょう》じ、神想観《しんそうかん》（禅定《ぜんじょう》）を行じ、真理の書を読誦《とくじゅ》し、神と波長を合わすことによってである。

第五章　人間如何に生くべきか

人間生活の理想

凡《あら》ゆる生きているものには自己の内部より何かを実現し、何かを完成し、何かを表現せんとする「押し出す力」(urge)というものが宿っているのである。これは単細胞動物のモネラから人間に到《いた》る迄《まで》同じことであってより一層完全なるものへと自己表現を遂《と》げ行かずには居《お》れないのである。このすべてのものに宿っている所の深く植えつけられたる力こそ、すべてのものに宿っている所の「一つの力」即《すなわ》ち「神」であるのである。人間は神の最高の自己表現として、神は人間に於《お》いてもっとも高きものを表現すべく要求して居られるのである。神には、その自己表現のために人間が必要なのであって、人間は自分をもっとも完全に表現せんがためには神が必要なのである。人間は自分自身を表現せんがためには自分の中に宿る所の神そのものを表現する外《ほか》はないのである。自己を通して神を展開することが人間の理想的生活であるのである。神が人間に宿って最高の自己表現を遂げんとするのであるということが本当にわかるならば、吾々《われわれ》はこの世界に処《しょ》して、互《たが》いに戦《たたか》い、争わなければならないという様な感じはなくなってしまうのである。「神は愛である」そして「神が私を生かしているのである」「わが為《な》すは神が為さしめ給うのである」されば吾《われ》ら唯《ただ》愛するより仕方がないのである。

諸君が人間の本当の生活を送ろうとするならば、自分自身の殻《から》の中に引込《ひっこ》んでしまってはならないのである。自分自身と云《い》う「殻」から神を迸《ほとばし》り出すということが必要であるのである。肉眼で見るならば吾々は他の生物、物体、環境、及び凡ゆる人間と別々にはなれたる存在の如《ごと》くみえるのであるけれども、吾々は決して個々別々に、はなればなれの存在ではないのである。大抵《たいてい》の人は肉眼でのみ現象世界をみるために、個々別々に分離している存在をみるのであるけれども、実は全体が一つの大生命体であって凡ゆるものは生きているのである。一つ一つの細胞が生きていながら一個の人間全体が生きている様に、一人一人の人間が生きていながら人類全体が生きているのである。

人間と神との関係

人間は、彼はこうして宇宙生命が自己実現せんがための器官であるのである。ラテン語で人間という文字をpersonaというのであるが、それは「俳優によって用いられる仮面」という意味であるのである。その奥に「表現者」があって、肉体人間はそれを通して「表現者」が芝居をする所の仮面であるのである。perという字は「通して」という意味であり、sonaという字は「ひびく」という意味である。彼を通して言葉がなり出《い》で響く所の機関であるのが人間であるのである。日本語で「ヒト」というのは霊止《ヒト》、即《すなわ》ち「霊とどまる」という意味であって、その奥に霊が宿っていることを表現しているという意味であるのである。吾々《われわれ》は神の最高表現であるから、神のもっとも原始的な表現である鉱物的面も、結晶体としての面も、単細胞としての面も、植物としての面も、すべて潜在的にそなえているのであるけれども、それらの凡《あら》ゆる段階に於《お》ける生命を統合して尚《なお》一段高き人としての「人格」が顕現しているのであり、その人としての人格は、神が最高に実現するために現されている所のものである。そして、神は絶対者であり、全体者であるから、吾々自身も「絶対者」であり、「全体者」でなければならない。されば吾々は、個々別々に現れている個々別々の差別の相《すがた》に惑《まど》わされてはならないのである。個々の人間の奥に、尚一層偉大なる人間があるのである。それが神であり、それの表現が吾々に於いて「愛」――「自他一体の実践」として現れるのである。

吾々が唯《ただ》宇宙に遍在《へんざい》する大生命の霊と異《ことな》るのは、吾々が、それが実現する一つ一つの中心であるということである。人間の肉体細胞の一つ一つは一ように平等なる細胞であるけれども、それが各々《おのおの》の器官に配置された時には、その器官独特の使命を果して胃袋は消化を営み、腎臓は老廃物を選《よ》りわける。その様に、吾々の生命も宇宙に遍《へん》満《まん》する生命が今ここに生きているのであるけれども、宇宙の一細胞たる吾々に与えられた使命は異るのである。ここに人間は個性であると同時に宇宙生命も生きており、宇宙生命の実現であると同時に、個性である所以《ゆえん》である。宇宙に存在する「絶対実在」が今ここに自分自身の中に生きながら、絶対が相対として、無限が有限として現れている所以なのである。

宇宙生命が一つであり、同時に吾々は個別的存在であり、各々異る特色と異る使命をもちながら、而《しか》も全体者たる「一つのもの」の表現であるから互《たがい》に調和しており、互に生かし合って争うという事はないのが本当の相《すがた》である。このことは人間の肉体的五官の智慧《ちえ》を以《もっ》てしては見ることは多少困難である。なぜなら五官は個々別々に表現されている現象の世界を処置するために発達したる器官にすぎないからである。これを知るには「全体智」を以てしなければならないのである。

五官を以《もっ》てしては人間の実相は分らぬ

「心、全体に相応《そうおう》せざるを迷いという」と大乗起信論《だいじょうきしんろん》には書かれているのであるが、全体を一度にみる心でなければ本当のことはわからないのである。五官の眼では地球が円《まる》いということはわからないのである。又太陽の周囲を地球が廻《まわ》っていることもわからないのである。地球を平たく見、太陽が東からのぼって西に沈む様に見えるのは、五官には全体が一度に見えないからである。全体を一度に綜合《そうごう》して見得《う》るためには、それを五官の報告に頼るならば、凡《あら》ゆる方面からの観察を一つにまとめてこれを統一する所の「理性」によらなければならないのである。人間の理性は凡ゆる方面の実験を五官の感覚によって報告せられつつ、それを綜合して遂に地球が円いのであり、太陽が東から昇るのではなく、地球が西から自転しているのだということを知ることが出来たのである。それと同じく、人間が如何《いか》なるものであるかということも五官で見るだけではわからないのである。凡ゆる微生物から進んで最高の表現である人間に到る迄の凡ゆる生活現象、更《さら》に進んでは物理学及《および》天文学的観察による結果迄も綜合して、始めて人間が宇宙に於《お》いて如何なる位置を占めるものであるかということを知ることができるのである。そのために吾々《われわれ》はまことに廻《まわ》り遠《どお》いことながら分子原子の構造から結晶体や、バクテリヤや、モネラや、アミーバに到る生物の現象をも研究して、人間が遂に宇宙大生命の最高の表現として、宇宙の心の意識的創造の尖端《せんたん》としてここに現れているのであるということを知るに到ったのである。(この問題に就《つ》いてその詳《くわ》しい説明は拙著『生命の謎《なぞ》』を読まれたい。)

吾々一個一個が別々の存在であって何の関係もない個生命であると考えることは一つの樹木から出た一枚一枚の葉が互《たがい》に相手の葉をかえりみて別々の存在であると思いまちがえているようなものにすぎないのである。もし樹《き》の葉が全体の樹木をみることができるならば、一枚一枚の木の葉は、決して別個に独立している存在であるとは思わないであろう。もし吾々が個々の生命のみならず、その全体に流れている所の大生命を一時《じ》に鳥瞰《ちょうかん》してみることができるならば決して人間は別々の存在ではないということがわかるであろう。吾々一人ひとりは「神」という大生命の樹《き》の一枚一枚の葉であるのである。その一枚の葉がよき太陽の光を吸収することは他の葉に又養分を与えることになるのである。古い樹の葉は落ちて行くであろう。けれどもそれは地上における使命を終っただけである。又新しい樹の葉がその枝から生じて来るであろう。然《しか》も人間は樹の葉でないからその肉体は宇宙の元素に復帰しても、その霊体は肉体の皮《かわ》袋《ぶくろ》を脱して一そう自在の境涯《きょうがい》となって神としての自己実現を尚一そう完成するのである。

全体としての生活を生きよ

されば人が地上に出現したる使命を最高完全に実現せんがためには、「個」というものが「全」(神)の御心《みこころ》を知ってその通りに生きて行くことが必要なのである。自分自身の生活をたんに自分自身のものとして生きないで、全体の一部として生きることであるのである。もし「個」が全体を無視して自分のみが自己拡大を続けて行くならばそれは恰度《ちょうど》自分のみが増殖して他の細胞の死滅をもかえりみない癌細胞と同じことになるのである。ウイリアム・ゼームズ教授はその論文の一つの中で次の様に説いているのである。「自己が神の前に無条件降伏しなければならないようになった如《ごと》き危機が常に宗教生活へ転回する生きた契機になると云《い》うことは常に変らない真理である」と。即《すなわ》ち個別的な利益のみを追求していると、何時《いつ》かは行き詰りの危機が来て全体（神）の方へ向かなければならぬ時が来ると云う意味である。

それでは如何《いか》にすれば人間がもっとも完全に神から与えられた使命を実現することができるであろうか。吾々《われわれ》は別に刻苦《こっく》努力して外からその材料をあつめなければならないということはないのである。吾々は自己の中《うち》にある所のものを展開すればいいのである。すでに宇宙大生命は自分の中《うち》に宿っているのである。無限の智慧《ちえ》が、無限の力が自分の中に宿っているのである。吾々はそれを表現するためのよき出口となったらよいのであって、外からそれをつけ加える必要はないのである。この世界は如何にしてできたのであろうか。吾々が努力して太陽をこしらえ地球をこしらえたのではないのである。又、刻苦して自分自身をこしらえたのでもないのである。創世記《そうせいき》には、「神光あれといいたまいければ光ありき」と書かれているのである。その日本訳は頗《すこぶ》るまずいために本当のことはわからないが、英訳では“Let there be light……”と書かれているのである。そのLetというのは「放つ」ということであり「解放する」ということであるのである。すでに内にあるものを「ときはなつ」て自由自在に発現せしめることであるのである。この「すでにある」という意味が日本訳にはどうしても現れていないのである。「既《すで》にある光をして、光の如くならしめよ」という様な意味であるのである。それと同じく「人間をして実相の人間の如くならしめ」ればそのまま人間は完全人《にん》となってその完全なる力と姿が現れるのである。外から完全に人間を造るのはむつかしいかも知れないけれども吾々は内部から押しだす所の大生命の流《ながれ》を邪魔《じゃま》する所の障礙《しょうがい》をとり去りさえすれば好《よ》いのである。

内部から実現しようとする大生命の力を邪魔する所の障礙をとり去るためにはどうしたらいいであろうか。それはまず内部の自覚によることが必要なのである。釈迦《しゃか》は六波羅蜜《はらみつ》を説いて六つの到彼岸《とうひがん》（実相実現）の道を教えたが、その最高の道として般《はん》若《にゃ》波羅蜜（即ち全体智）をその主位に置いたのである。本当の智慧――全体智――をもって自分の実相を悟ることを以《もっ》て第一とするのである。吾々のもっとも力強き生活は宇宙大生命と人間とは一体であるという自覚から流れ出る所の生活であるのである。釈迦は法華経《ほけきょう》の中に於いて「自分は五百塵点劫《じんてんこう》を過ぎることなお無量無辺阿僧祇《あそうぎ》劫《こう》も以前から悟りを開いている仏である」と自覚していることを説いているのである。それを自覚せしめるのが仏教の中心課題なのである。

不幸が現れて来るのは現象の変化に心が捉《とら》えられるから

吾々《われわれ》の生活に何か不幸がおこって来、力が欠乏して来るのは、吾々が現象界に現れている相《すがた》にとらえられて内部神性《しんせい》の無限力をくらますことになり、不完全な状態が存在すると心に描いて、心によって不完全な姿を仮想《かり》像したにすぎないのである。吾々が現象の姿に心をとらえられ、それを実在だと思っている限りに於《お》いては吾々は強力なる生き方をすることはできないのである。なぜなら、現象は断片的であり、個々別々であり、生滅常《しょうめつつね》なく崩《くず》れ去るものであるからである。

されば、吾々は吾々の五官の経験を以《もっ》て、吾々の想念を支配せしめてはならないのである。常に吾々の完全な想念を以て吾々の生活を支配しなければならないのである。吾々は神は善であり、善が唯一の存在であり、善のみが実在であるから、悪は存在するが如《ごと》く見えようとも実在しないのであるから消滅するより仕方がないということを先ず知ることが必要なのである。此《こ》の真理を知って、それを心に想《おも》い、言葉に出し、行《ぎょう》に実現することが必要なのである。即《すなわ》ち、身意口《しんいく》の三業《ごう》にそれを実践するのである。世の中には「人間神の子」の真理は頭にはよく理解できるのですけれども、生活が思う様に行かず神の子らしくは何事もととのわないのですがこれはどうしたらよろしいでしょうかと云《い》って、尋《たず》ねる人が往々《おうおう》あるのである。それを一言《ごん》にして云いかえれば、頭脳の智慧《ちえ》はどうしたら悟りの智慧になることができるかということであるのである。それはその人の前生《ぜんしょう》をひっくるめて業《ごう》の結果によるのである。結局、実相実現のための具体的方法は、想念と言葉と行いとの三つに、神ならざることを思わず、言わず、行わざる様に精進努力することが必要なのである。

次の如《ごと》く実践せよ

まず第一に人間の神性《しんせい》を汚《よご》すような不浄《ふじょう》の言葉、弱き言葉、暗《くら》き言葉、消極的な言葉を注意して絶対に心に思わず口にしないということである。それが即《すなわ》ち六波羅蜜《はらみつ》の「精進《しょうじん》」であるのである。「精進」というのを近代的な言葉で云《い》えば自己訓練ということになるのである。

次に必要なのは愛を心に言葉に行い実践することであるのである。愛は「汝《なんじ》のせられざらんと欲することを人になすな。人からせられんと欲する如くに人になせ」というイエスの誡《いまし》めにつきるのである。即ち、自己の欲する事物を他に与えるのである。

それが「布施《ふせ》」である。布施というのは唯《ただ》たんに物質だけを施《ほどこ》すことではないのである。真理を施し、愛念を施し、よき表情を施し、深切《しんせつ》な言葉を施し、己《おのれ》のせられんと欲することを人々に施すのである。次に釈迦《しゃか》があげたる六波羅蜜の中の「忍辱《にんにく》」はたんに消極的に「辱《はずかし》めを忍《しの》ぶ」という意味ではないのである。それは更《さら》に積極的に云えば、吾《われ》を悪《あ》しざまに批評し悪口し、害を与える者を赦《ゆる》して彼が幸福になるように祈ってやるということである。真に神を自覚するものは、自己が如何《いか》に辱められようとも、そのあやまれる辱めによって自分の値打が下《さが》るようなつまらない存在でないということを知るが故《ゆえ》に腹が立つということがないのである。神の心を、言葉を行いに実践するということは、されば、心に怒《いか》りの感情をおこさず、心に怒りの言葉を発せず、行いに怒りの行いをなさないということであるのである。

更に六波羅蜜の中には「持戒《じかい》」というのがある。持戒というのは心の法則を守ることである。この世界には法則が支配しているのであるから法則に従うのは、自我を滅して神に従うことであり、神即ち「本当の自分」を実現する道になっているのである。
更に禅定《ぜんじょう》ということが必要である。即ち精神統一の修行である。キリスト教的に云えば「祈り」である。「心を静めて宇宙大生命と一つにならんことを期する」修行である。吾々は日常生活に於《お》いては五官面に触れる全てのものが何《いず》れもばらばらの存在であり、「一つの生命」に統一されている所の「全体一つ」の存在という自覚がともすれば失われそうになるのであるから、自分の生命が宇宙大生命と一つにつながっている「無限大の実在」であるという自覚をとりもどす為にはどうしても一日一回は禅定又は神想観《しんそうかん》の修行の必要があるのである。ここにも又精進努力ということが必要である。

禅定――精神統一――ということが必要であるといっても、吾々は山にこもって仙人の如く隠者《いんじゃ》の生活をしなければならないということはないのである。すでに拙著『祈《いの》りの科學《かがく》』の中で述べたように吾々は仕事しながら間断《かんだん》なく祈ると云うこともできれば宇宙大生命の一つの自覚をよびだすこともできるのである。

「心」は原子爆弾よりも偉大なり

吾々《われわれ》は宇宙大生命の入口であり同時に出口であるのである。吾々は神が自分の出口を通して自己表現をしようと企《くわだ》てていられるその流出口《りゅうしゅつこう》を妨害《ぼうがい》することとさえしなければいいのである。「自己発展」の生活と「無我《むが》展開」の生活とは全然別なのである。「自己発展」の生活は自分が発展するように見えるけれども、大生命が自分に於《お》いて流れ出ようとする出口を却《かえ》って閉止《へいし》してしまうが故《ゆえ》に却って自分自身の力を縮小してしまうことになるのである。吾々が自己発展の心を棄《す》て、自己をいよいよ小さく無我の境地に達すれば達する程神が自分に於いて流出する力は一層強くなって来るのであり、そこに於いてこそ地上に天国が建設せられることになるのである。もし地上に天国が建設せられるならば、それは天変地変の力によってではないのである。どんなに偉大なる爆弾が発明されても、人間の心はそれよりも偉大なのである。なぜなら、それを破壊に使うか建設に使うかは「心」がそれを決定するからである。吾々の「心」

の外《ほか》に地上に天国を造るものはないのである。イエスはヨハネ伝第十章十節に「吾は汝《なんじ》らに生命を与えんがために来《きた》れるなり」といっていられるのであるが、吾々が心の自由を与えられているのはその心によって神を実現し、神の国を実現せんがためであるのである。イエスが生きていた時代と同じく今の世にも何か外《ほか》の権威が来《きた》ってこの世の中に天国が実現すると信じている人もあるのであるが、神は人間に完全な自由を与えたのであるから、天変地変というような脅喝《きょうかつ》を以《もっ》て人間を強制し給うということはないのである。天国は人間の自らの意志で、自らの心でこの地上に建設せらるべきであり、又建設せられるのである。

天国を地上に実現するには

人間は神より、宇宙大生命の一個一個の顕現の中心としてこの地上に出現せしめられたものであるから決して豚を一つの柵《さく》の中におしこむ様に強制力によって「天国」という柵の中に押し込むものではないのである。天国は一人一人の宗教的自覚によって現れて来るのである。同じ金殿玉楼《きんでんぎょくろう》の中に生活していても、一人は極楽的生活を送っているが、その同じ金殿玉楼で、もう一人は地獄の生活を送ることもできる。同じ貧しい家庭の生活をしながらも、ある人は神の国の様にあたたかい愛の生活を営むが、ある人は餓鬼道《がきどう》や地獄の生活を営むのである。真の救済は、世界とか、社会とか云《い》う枠《わく》や輪廓《りんかく》や、柵の形を変化したり色を塗ることではないのである。それは「心」の問題である。「心」が変化すれば一瞬の中《うち》に、今此処《ここ》に天国浄土が実現し、又あるいは地獄が実現するのである。英語の宗教'religion'という言葉は「復活する」という意味の言葉である。人間の魂を目覚めしめ復活せしめるのが宗教である。吾々《われわれ》は自分の中《うち》に宿っている所の宇宙的に大いなる生命を今まで眠らせていたのである。目を覚ませば吾は「宇宙的生命」そのものであり、そしてすべての人は互《たがい》に兄弟であるのである。その真理を自覚する時、愛が自《おのず》から魂の底からわきおこって来るのである。「愛は神である」愛の実現する世界は結局神の国であり、そこが天国浄土《じょうど》となるのである。

真の平和は、神のみが唯一《ゆいいつ》の力であると云うことを自覚することによってのみ来《きた》るのである。イエスはこの秘密を知っていたのである。だから、彼は「吾ら汝《なんじ》らに平安《やすき》を与えんがために来《きた》れり」「汝ら互《たがい》に相愛《あいあい》せよ。愛する所に吾はいるなり。吾らはまず自分自身を神の前に死なしめることが必要なのである」「一粒の麦もし地に落ちて死なば多くの実を結ばん」と云っているのである。すべての人間は皆神の子であり、各々《おのおの》が「全実在」の顕現である。唯《ただ》特殊の中心として特別の使命を与えられている点が「全体者」と異《こと》なるにすぎないのである。人間はその置かれたる位置に於《お》いて今自分に与えられたる仕事を、神への愛の念を以《もっ》て、而《しか》して人類への奉仕の念を以て、それを実践する時、そこに平安と、幸福と、健康と、力と、喜びと、豊かなる富と、凡《あら》ゆるよきものとが実現しないと云うことはあり得ないのである。愛によって行われる人類への奉仕のみが天国を造るのである。

第六章　新しき生活設計

本当の宗教は「生命」の問題を取扱う

宗教というものは、決して死後のみの問題をとりあつかうのではなく、「生命」の問題をとりあつかうべきものである。それが死後の問題をとりあつかうかの如《ごと》く見えているのは、死後にも「生命」が存続するからであって、しかも死後存続する「生命」はその働きが肉体のように可視的《かしてき》でないが故《ゆえ》に、科学者の対象となることができないで、その結果宗教家のとりあつかう対象になったにすぎないのである。人間の本質は「生命」である。しからばその「生命」を此処《ここ》にだしてみせてくれといわれても、それをみせるわけには行かないのである。吾々《われわれ》が目に視《み》ることができるものはその働きだけであるのである。「自分」とは何であるか。それは決して肉体ではないのである。肉体に於《お》いて働いている所の不可視《ふかし》なる「生命」そのものである。しかしそれは不可視であるが故に、多くの人間は「肉体」を自分自身だと思いあやまる。そして顚倒妄想《てんどうもうぞう》に陥《おちい》るのである。即《すなわ》ち人間は肉体でないのに、顚倒《さかさま》の想《おも》いを起して、肉体であると思い、目にみえない「生命」であるのにそれに気づかないのである。

従って宗教の第一眼目《がんもく》は、ソクラテスの「汝自《なんじみずか》らを知れ」の箴言《しんげん》に始まるのである。仏教に於ける覚者《かくしゃ》とは「自分」自らが何であるかを悟った所の人であるのである。キリストは「自分」みずからを「神の子」として悟った所の人であったのである。そしてキリストは、「吾を信ずるものは、吾よりも大いなる業《わざ》をなさん」と教えているのである。そして多くの奇蹟を生活に実践したのである。般若心経《はんにゃしんぎょう》には、「顚倒夢想《むそう》を遠離《おんり》すれば恐怖《くふ》なし」と書かれているのである。最も恐れないでいられる人は自分自らの本質を知る所の人であるのである。自己みずからを肉体であると思う者は、肉体は、老い、病み、傷つき、滅びるものであるが故に、恐れざるを得ないのである。これに反して、自己を「生命」と観ずるものは、「生命」は老い、病み、傷つき、滅びることなきものであるが故に、恐れるということはないのである。

人間の生命は何処《いずこ》より来《きた》り何処へ行くか

それでは吾々《われわれ》は、如何《いか》にして自己が「肉体」ではなく、「生命」であるということを悟ることができるであろうか。吾々が何処より来たれるものであるか、その出所《しゅっしょ》が不明である時には、その出所を探る為には、今現れている所の現象を（即《すなわ》ち生命現象を）充分分析し検討し観察してみることによって、その生じ《しょう》来たれる所の原因者に遡《さかのぼ》るほかはないのである。そして人間はどうして生まれるか、どうして心臓は脈搏《う》つか、人間が設計しないのにどうして人間の複雑なる生理組織が造られたのであろうか――こういうことを深く検討してみた結果、人間の「生命」は、不思議なる宇宙の大智慧《だいちえ》によって造られたものであるという結論に到達するのである。そしてこの「宇宙の大智慧」は不可思議《ふかしぎ》なものであるが故《ゆえ》に、何とも名前のつけ様がないから、これを称して「神」又は「仏」と称するのであり、人間はそれより生みだされたものであるが故に、これを名づけて、「神の子」又は「仏の子」と仮《かり》に称するのである。

そこで名前は何とつけてもいいが、吾々は神より出《い》でたるものであるが故に、吾々の生命は神なのである。従って「人間を信ずる」ということは「神を信ずる」ということにならざるを得ないのである。「神を信じない」ものが「人間を信じる」ということは不可能の事である。又「神を愛しない」者が「人間を愛する」ということも不可能であり、「人間を愛しない」ものが「神を愛する」ということも不可能なのである。キリストは「汝《なんじ》、思いをつくし、精神をつくし、心をつくして、汝の神を愛せよ。第二の誡《いまし》めも亦《また》これに同じ、己れの如《ごと》く汝の隣人を愛すべし」と教えたのであるが、神を愛するものは、神より出でたる自分と、すべての隣人とを愛せずにはおられないのである。愛とは自他一体の再認識であるからである。

愛による「多《た》」の一元的統一

愛こそは「生命」の原理である。愛は、「多」の一元的統一である。生命現象は如《い》何《か》にしておこるか。これは「多」の一元的統一によってのみ起るのである。「多」がバラバラに単なる「多」である限りに於《お》いて、そこには生命現象はおこらないのである。「生命」が「多」に宿る時、そこには必ず「多」の一元的統一がおこるのである。かくの如《ごと》くして生命は無数の分子を一元的に統一して、まず単細胞の生物を造り、更《さら》に多くの細胞を統一して、多細胞の生命体を造りあげ、人間を発生せしめ、人間の多を統一して「家庭」を造り、「社会」を造り、「国家」を形成せしめるにいたったのである。

かくの如き「多」の一元的統一は何によって可能なのであろうか。それは「愛」によってのみ可能なのである。「愛」は生命創造の原理なのである。「愛」は決して観念の遊戯ではないのである。「愛」は互《たがい》に隣りのもののために尽すという事である。「愛」は相互扶助《ふじょ》の精神であり、相互扶助の行為である。相互扶助によってのみ、多が一元的に統一せられ、それが一個の生命体となることができるのである。

愛は相互扶助であり、相互扶助は、凡《あら》ゆる生物の憎しみと離反とを防ぐ所の親和剤なのである。愛によってのみ一切の葛藤《かっとう》は消え、一切の争いは消えそこに生命は創造せられ、天国が実現するのである。愛によってのみ夫婦は造られ、そこから天国が生み出され、愛児が生れる。愛は生命創造の原理である。

愛は単なる好きではない

然《しか》し、如何《いか》に多くの家庭が、不幸と悲しみとにみたされていることであろうか。それは愛がないからである。愛していると思っているけれども、それは離反しているのであって互《たがい》に一元的統一をもたないからである。フロイドが云《い》ったように、ある夫婦はお互の復讐《ふくしゅう》を完了しないが故《ゆえ》に夫婦生活を続けているのである。それは何故《なぜ》であろうか。それは愛がないからである。愛とは単なる「好き」ではないのである、「自分が好きであるから自分の自由にする」というのは愛ではないのである。「好き」は相手を自分へ掠奪《りゃくだつ》する意向を含む。相手の自由を自分の嗜慾《しよく》を満足せんがために強制によって掠奪するのである。だから相手が反撃する。争いは必然であるのである。かかる執着《しゅうじゃく》を「愛」ととりまちがえている限りに於《お》いて、家庭の葛藤《かっとう》は永遠に存続してやまないのである。真の愛は「惜《お》しみなく奪う」のではなくして、「惜しみなく与える」のでなければならないのである。愛は相互扶助《ふじょ》である。愛は無我献身《むがけんしん》である。結婚は相手が好きであるから、相手を自分の自由にするためではなく、相手に無我献身することによってそれが完成するのである。

結婚は無我献身《むがけんしん》で始まる

結婚の最初は無我献身で始まる。もっとも恥ずかしい所さえも拒《こば》まないで与えるということは、無我献身の象徴的行為にすぎないのである。所が結婚当初の数カ月がすぎてしまうと、自分にいやな事は、相手に与えたくなくなってしまうのである。捧げ合いである結婚生活が「奪い合い」である結婚生活に変化してしまう。そこに「多《た》」の一元的統一はやぶれてしまい、多が「多」のままでばらばらになってしまう。家庭が有機体でなくなってしまうのである。家庭が一個の生きた生命体でなくなってしまう。そこに混乱と闘争と破局とが生ずる。試煉《しれん》の生活が続くのである。

その試煉の生活は、外から課せられたる試煉ではないのである。自己の「心」が「多の一元的統一」に失敗したる所の反映であるのである。「愛」は無我《むが》の与え合いでなければならないのに、いつのまにか、「我《が》の執着《しゅうじゃく》」に化している「自分の心」の反映なのである。「生命」は、「多」の一元的統一によってのみ、現れるのであるから、かかる我の執着で対立している家庭に於《お》いては、生命は生き生きとは現れない、斯《か》かる家庭では子供は多くの場合には生まれない。もし生まれるならば、多くは病弱であるか不良であるかするのである。かかる家庭に於いて計画されたる事業には、生命が生き生きと働かないが故《ゆえ》に、その事業には生気がなく自《おのず》から衰頽《すいたい》する外《ほか》仕方がないのである。そこから色々の困難と災厄《さいやく》とが続出して来るのである。それは、その家庭の生活が生命の原理にそむいているからであるのである。吾々《われわれ》はかくて生ずる一切の不調和を生活者自身の心の影として反省し、争いを調和に変え、憎しみを感謝に変え、執着を「真の愛」に変えることによってのみ問題は解決するのである。多くの人達は、「愛」と「執着」とを混同しているが故につきなき闘争を小田巻《おだまき》の糸の如《ごと》くに繰り返すのである。

「自分は真に愛しているか。執着しているのではないか」と百遍《ぺん》くりかえして反省してみて、そして執着を捨てて本当の愛にその人の心がかえってしまった時に、その家庭は始めて天国に化するのである。

愛するとは放つことである

夫婦が互《たがい》に相手を自分の思う自由にしようと思うそのことがすでに他の自由を侵害

する反愛的なものの考え方であるのである。

「愛するとは放つことである。」というグレン・クラーク教授の言葉は、永恒《えいごう》に真理であるということができるのである。人間には原子と同じように、陰陽があるのである。陰極と陽極とは、相反《あいはん》するが故《ゆえ》に相牽引《あいけんいん》するのである。もし陽極を愛するが故に、自分と等しく彼を陰極ならしめようと思うならばそれは却《かえ》って失敗するのである。自分のもたざる所の善きものを相手がもっているから、補足《ほそく》の原理に従って、互に牽引して夫婦になったのである。もし相手を自分と同じものにならせたならば、補足の原理は成り立たないが故に互に牽引しなくなってしまうのである。夫婦は互に、相手に於《お》いて自己のもたざる美質を認めて、それに対して自分を献身する所に「多」の一元的統一が成り立って、家庭そのものが、一個の生命体となることができるのである。

多《た》の一元的統一

生命は、「多」の一元的統一によって、次第次第に、一層高次の段階にまで現象化して来るのであるから、男女どちらかが唯《ただ》一人で生活する事は、生命発現の法則に反するから宜《よろ》しくないのである。それは創世記《そうせいき》の第二章に「人一人なるはよからず」とかかれていることによっても明らかである。凡《あら》ゆるものは両極的存在であるのである。凡ゆる存在は陰のみにても成り立たないし、陽のみにても成り立たないのである。原子も陰電気エネルギーの小体である電子と、陽電気のエネルギーの小体である原子核とから成り立っており、その中に陰陽未剖《みぼう》の「中性子」という子供をはらんでいるのである。陰陽の一元的統一が完成する時、そこに美しいイルミネーションを点ずる事ができるように、生命の花として人生の幸福が出現するのである。凡ゆるものは、陰陽の剖判《ぼうはん》とその結合とによって生じたのである。時間について云《い》ってみれば、「今」という中性的な一点を中心として、前後に「過去」と「未来」とが横たわっている。過去は柔かく回想のヴェールに包まれて柔かく美しく見えるのであり、それは前進的でなく、後退的であり女性的である。「未来」は前進的であり、柔かいヴェールに包まれてはいないで、斫《き》り開かなければならない荊棘《いばら》にみちみちているのである。それは荒っぽくごつごつとしていて男性的である。智慧《ちえ》はまっすぐに進み、情実にしばられることなく、太刀《たち》のように相手を截断《せつだん》するのである。それは男性的である。愛は躊躇逡巡《ちゅうちょしゅんじゅん》する。思いきって截《た》ち切ってしまう事ができないのである。それは女性的である。光は前進的である。まっすぐに進むほか知らないのである、それは男性的である。「熱」は必ずしもまっすぐには進まない。物があれば物にまつわりついて全体を温かくぬくめるのである。それは女性的である。男性にも退化したる子宮がある。女性にも退化したる睾丸《こうがん》がある。二つの反対のものが一元的に統一されない存在は決してないのである。男子は女性をめとらねばならないし、女性は男性と結ばねばならないのである。それは何故《なぜ》であるか。「多」は一元的に統一せられることによって、尚《なお》一そう完全なる高次なる生命体に完成するからである。男女が結婚する事は、単なる男女性の結合ではないのであって、新しき尚一層高次なる生命体の創造であるということができるのである。

夫婦の精神が互《たがい》に対立してさばき合っている状態では、陰陽がただ並列し、対立しているだけであって、新たなる高次の生命体の創造にはなっていないのである。かかる家庭に於《お》いてはさばき合いと闘争とがたえないのである。それは決して「真の結婚」ではないのである。真の結婚に於いてはその対立がなくならなければならない。地球に北極と南極とがありながら、渾然《こんぜん》と一個の球体になって廻転《かいてん》しているように、吾々《われわれ》の家庭に於いても夫婦は互に陰陽の別はありながら、それが互に対立せずして一個の球体となって廻転しなければならないのである。それは陰陽を揚棄《ようき》した新しき生命体の創造である。肉体が一体になることは、その新しき生命体の創造を象徴したものにすぎないのである。それは快楽のためでもなく、慾望《よくぼう》の満足のためでもないのである。（ためと云うことと快楽が伴うと云うこととは別である）かくてのみ結婚による「人格」の新しき完成が成就《じょうじゅ》するのである。

父性母性一体の原理

ここに一個の銀貨があるとせよ。それは表と裏とで全体である。表は陽であり、男性である。裏は陰であり、女性である。然《しか》しそれは二つに別れていないのである。そのままで一つなのである。裏側が賛成しないのに、表側だけを支払うということはできないのである。表側が賛成しないのに裏側だけを支払うということもできないのである。表と裏とで一つなのである。夫婦とはかくの如《ごと》きものである。一個の銀貨はそれが多少傷ついていても、さびていても、表と裏とを二つにわけることもできないし、そのままでやはり、本来の値打をもっているのである。自動車にひかれて銀貨が少し曲がっていても、一弗《ドル》の銀貨はやはり一弗に通用するのである。そのように人間の値打も夫婦互《たがい》に一体であり、そのどちらかがさびていても、傷ついていてもその神《しん》性《せい》にはかわりはないのである。表と裏とは一体であり拝み合いである。夫婦の純潔ということは互に一体であるその神性を疑わないで尊敬するということである。そして現象の姿がどうあろうともその実相の完全さを信じて拝むことであるのである。

　創世記《そうせいき》によれば「神いい給《たま》わく、吾《われ》らの像《かたち》の如く人を造り……これを女と男に造り給えり」とあるのであるが、それは色々に解釈されるのであるが、後に創世記第二章に於《お》いてアダムの肋骨《ろっこつ》をとりて女性たるイヴを造り給うたという事実からみれば、「男と女に造り給えり」ということは、人間は最初、神の如く男女両性であったという事を現しているという事ができるのである。神は一切のものの生みだされる「創造の原理」であって、もしその「創造の原理」が男性のみであったならばそこから生まれて来たものは悉《ことごと》く男性のみとならなければならないのである。又もし「創造の原理」となる神がたんなる母性即《すなわ》ち女性のみならばそこから生まれたものは女性のみとならなければならないのである。だから創造されたるものに男女の性別があるという事実から考えれば、神なる「創造原理」の中には、父性と母性とが、換言《かんげん》すれば男性と女性とが同時に内包《ないほう》せられていたものだといわなければならないのである。従って、神の像《かたち》に造られたる最初の人間は男性女性を「同一人格」の中《うち》に包蔵《ほうぞう》される所の、父性即ち母性の人間であったといわなければならないのである。即ち人間の人格の完成せる像《かたち》は「父性・母性」一体のものであるべきはずのものであるのである。これは即ちギリシャの神話に於いて、人間は本来男女両性であったものが、ジュピターの神によって男性と女性とに切り分けられたるものであるという象徴物語に一致するのである。即ち創世記に於ける、最初の神の像《かたち》に造られたる人間は、男女一体なる所の「一人格」であったのである。その時には一人格が中和して尚《なお》「性」というものが現れていないのである。しかしながら、「人一人なるはよろしからず」とて、最初の人間の原型の中から「女性」を切りわけられたときに、そこに「性」というものが生じたのである。従って性別というものは本来の像《かたち》ではなく、一体なるものが互に愛するように、一人では愛を実現することができないから、男女両性にきりわけられたものであるということができるのである。そこで結婚というものは、本来一体なる所の「一人格」が陰陽の性別にかりに現れたものが、もとの一つに結合して人格の高次の完成を成就《じょうじゅ》するためのものであるということができるのである。

本当の結婚とは

だから結婚というものをたんなる肉体の結合と考えてはならないのである。それは、陰陽にわかれたる人格が「一人格」に完成する所の崇高《すうこう》なる行事であり、結婚後は「一人格」として生活することが要請《ようせい》されるのである。「肉体の結合」はたんなる「人格の結合」の影にすぎないのである。だから肉体だけの結合を欲する結婚がもしあるとすれば、それはただ肉慾《にくよく》の満足であって本当の結婚ということはできないのである。完全なる結婚は、肉慾の満足に主点を置いてはならないのである。肉慾の満足は娼婦《しょうふ》に対しても出来るのである。又少女に対して暴行を加えて致死《ちし》せしむる事もできるのである。生活にこまるから適当な相手をみつけて性の満足を得《う》ると共に生活の保証を得たいと思うが如《ごと》きも、愚劣《ぐれつ》な結婚であって、真の結婚ではないのである。かくの如き動機で成立した夫婦が存在するならば、それは真の夫婦ではないのである。真の夫婦は「ツマ」即《すなわ》ち連《つらな》ってまったく完体となる所の人格の完成を目指す所のものでなければならないのである。即ち男性的な知性と女性的な愛情の性格とが互《たがい》に相《あい》補《おぎな》って、一つの完成したより高き人格にまで完成するものでなければならないのである。

新しき人格の創造

私はここに、男性的な知性といい、女性的な愛情という言葉を使ったのであるけれども、肉体が男性であるものが必ずしも知性のみの存在であるというのではないのである。又肉体が女性なるものが必ずしも女性的な愛情のみのもち主だというのではないのである。先にも述べたる如《ごと》く、人間はそれ自身の中《うち》に肉体的にいっても男女両性を具《そな》えているように、魂の中にも知性と愛情とを色々の割合に於《お》いて保っているのである。ただ概《がい》していえば男性は知性にすぐれ女性は愛情にすぐれているのであり、それを色々の割合に於いて包有《ほうゆう》しつつそれが互《たがい》に結合する事によって高次の一層高き人格が完成するのが真の結婚であるのである。かくて創造されたる新しき人格は、互に

「一体」であって、もう既にそれは神の如く男性でも女性でもないのである。それはまことに「神性《しんせい》」だというほかはないのである。これこそが真の完全なる結婚の理想であって、そこからのみ本当の神の子の胎児が生れて来るのである。肉体の快楽の完成を「完全なる結婚」であると考えている家庭に於いては、肉体の快楽は結局つかめば消えてしまう所の如き泡《あわ》の如きものであるから、それを追求している限り真の永遠の家庭の幸福は得られないのである。人間を自分の快楽の道具とするが如きは人間の人格に対する侮辱《ぶじょく》であって、そんな家庭はもしその快楽が得られなかったら、そこから破綻《はたん》する外《ほか》はないのである。自分の神性を尊敬するもののみ相手の神性を尊敬することができるのである。そして相手をたんなる性的快楽の満足の対象とせずに人格完成の目標とする時にのみ真の結婚の幸福が完成するのである。

第七章　永遠への思慕と情熱

「永遠の理想」の対象への移入

情熱と云《い》うものは概《おおむ》ね一種の熱病の如《ごと》きものであって、或《あ》るその発熱の時期が経過してしまったら消えてしまうものなのである。それが永遠の情熱であるためには、その情熱となる対象が表面の現象的な移りかわるものを超えて、「永遠なるもの」であることを要するのである。

多くの青年たちはその思春期または青春期に於《お》いて情熱なるものを体験するのである。青年が最初異性を恋《こ》うるのは決して肉慾《にくよく》的な結合を目的として恋うるのではないのである。恋する青年は、その相手に於いて「永遠の理想」を見るのである。相手の中に実際にその理想が存在すると存在しないとは問題ではないのである。相手を自己の理想の完成者としてその「理想」を相手に移入して、その「理想」の具現者として相手を見、相手と結合してその「理想」と一体となろうとするのである。

何故《なぜ》「理想」が描《えが》かれるか

吾々《われわれ》は何故「理想」を描くのであろうか。それは吾々のうちにあらかじめ「理想」が宿っているからである。「理想」とは何であるか。それは各人のうちに宿っているところの「永遠なるもの」の投影なのである。何人《なんぴと》も現状で満足出来ないのである。何故満足できないのであるか。一升《しょう》の枡《ます》に一升はいっているならばそれは満足出来るのである。無限の理想の枡があるのに、その現実は一升しかはいっていないからである。無限と永遠とは畢竟《ひっきょう》同じものの別なる表現に過ぎないのである。理想は無限であり、自己の現実は有限である。其処《そこ》から青年はその理想を自己の外にもとめなければならない。そして仰《あお》ぎ見て星を見、太陽を見、花を見、そして異性を見る。

そして彼は異性の中《うち》に自己の現実が尚、表現し得ていないところの永遠の姿を見るのである、永遠の理想を観《み》るのである。男性は女性に、女性は男性に、「永遠の理想」を観、そしてその理想の憧憬《しょうけい》を恋愛化して、対象と一つになろうとするのである。

恋愛の情熱の神秘

彼又は彼女の相手に於《お》いて「永遠なるもの」を観《み》ることが出来るのは、彼自身又は彼女自身の中に「永遠なるもの」が既に宿っているからである。すべての人間には「永遠なるもの」がはじめから宿っており、すべての人間は「永遠なるもの」の出口であり入口であるのである。その「永遠性」はそれみずからのみでは実現することが出来ないで、静かに内にこもって、未《いま》だ陰陽分れざるが如《ごと》き「真空妙有《しんくうみょうう》」の如き状態にあるのである。それが思春期又は青春期に到れば、それが動的状態にあらわれようとして、男性は男性的特徴を帯び来《お》り、女性は女性的特徴を帯び来《きた》り、その特徴をば互いに自己には顕現し足らざる理想の実現として認め合い、互いに牽引《けんいん》し春雷《しゅんらい》の如き閃光《せんこう》を放ち来《きた》るのである。これが即《すなわ》ち青年期の情熱である。

情熱はかくの如き、人間の生命に内在する「永遠の理想」と「永遠の理想」とが互いに見出し合って発するところの稲妻《いなずま》の如き閃光であるがゆえに、その奥には「永遠なるもの」が存在するのであるけれども、火花そのもの、情熱そのものは、或《あ》る時期が来れば消滅するのは、譬《たと》えば、春雷がいつのまにかその稲妻の光を消すのと同じことなのである。

結婚前《ぜん》の情熱と結婚後の情熱

青年がはじめて、「永遠なるもの」を異性に見出すとき、彼又は彼女は情熱の火花をもって燃え上る。それは「美的理想」の追求と云《い》うような姿をもつ。そして幸いにして相手との結合が完成し、結婚によってその追求の理想が完成するとき、それは陰陽分離していた電気が、その両性の結合によって火花を瞬時かがやかせたのちには、永遠の電流が音もなく静かに流れているかのように、もう華々しい燃えあがる火花のような情熱は消えてしまい、それはただ静かなる悦《よろこ》びが火花を散らさず、「永遠なるもの」の流れのように問題なく流れるようになるのである。それはゲーテの『美しき魂の告白』の主人公が、ナルツィスと結婚の約束が出来たときに次のように云っている言葉の中に見出される――

「こうして恋人が婚約の良人《おっと》になりました。この両者の相違は大きゅうございました。もしたれかが考《かんがえ》の深いすべての娘の恋人を婚約の良人に変えることが出来ましたら、たといその関係が結婚と云うことにおわらなくても、わたくしども女性にとり大きな恩恵になるだろうと存じます。ふたりの人間のあいだの愛はそのために減じはいたしません。しかし一そう理想的になるのでございます。無数のちいさな愚《おろ》かしい事、あらゆる媚態《びたい》や気まぐれが、ただちに剥落《はくらく》してしまいます。婚約のおっとから、はでな髪飾りより朝の頭巾《ずきん》のほうがよいねと云われたら、考《かんがえ》のある娘には、きっと調髪のことなどはどうでもよくなることでしょう。一方おっとにしても、考《かんがえ》が堅実《けんじつ》となって、世間に見せる飾り人形をしたてるより、おのがために一個の主婦を作りあげるのを好ましく思うのはまったく自然な事なのでございます。おなじことはすべての面におこってまいります。この際幸いにもそう云う娘の夫が、分別《ふんべつ》と知識とをそなえた人でしたら、その娘は大学や外国があたえ得《う》る以上に多くを学びます。かの女は良人のあたえる教養をよろこんで受けるばかりでなく、自分でもその道をどんどん先へ進もうとつとめます。愛は多くの不可能を可能にします。そして結局、女性にとり必要であり似つかわしくもある従順が、じきにあらわれてまいります。婚約の夫は既婚の良人のように支配はしません。かれは頼むだけですが、愛人の方では彼の願望《がんもう》を見てとって、頼まれぬ先に叶《かな》えてあげようと努めます。」（佐藤通次訳）

ここに両極が火花を放って、その美しさをきそうために、まだ完全に一つにならぬ両極が互《たがい》に媚態を示す時代を過ぎて、静かなるよろこびのうちに、「永遠の理想」が互に交流する姿が見られるのである。

『美しき魂の告白』の主人公である女性にとっては、婚約の良人は、「永遠の理想」の化身であったとも云うことが出来るのである。誰でも恋し合う二人は、互に媚態を示す時代を過ぎて、愛する相手に「永遠の理想」を観《み》、「永遠の理想」の代表者として愛の対象を観る時代を通過するのである。彼女（『美しき魂』の主人公）にとってその婚約の良人が、彼女の「永遠の理想」（神なるもの）の代表者であったことは、彼女の、

「神さまとわたくしは又いくらか親しくなってまいりました。こんな愛すべき良人を授けて下さったことを私はありがたいと思いました。現世《げんせ》の愛そのものがわたくしの精神を集中させ、それを活動せしめまして、わたくしの神さまとの交通はその愛と矛盾いたしませんでした。……ナルツィスをのぞいて全世界がわたくしにとり死んでしまいました。かれのほかにはなに一つ魅力のあるものがなくなりました。」

と云っているので明らかであるのである。
婚約《いいなずけ》の良人は、彼女にとって「神」であり、「全世界」であり、「永遠の理想」の化身であったのである。そこで彼女は歌って云う。

「わがえらびしは君ひとりのみ
生れしかいも君ゆえと見し
求めしはただひとつ君がなさけ」（佐藤通次訳）

「永遠の理想」が、全世界がナルツィスの姿をもって彼女の前にあらわれたのであった。だから彼女は、

「ナルツィスにたいする私の愛は、天地創造の設計にかなったもので、どこでもわたくしの義務と抵触することがなかった。」

と書いているのである。
しかし客観的存在としてナルツィスは、結局彼女が自己の「永遠の理想」を投影したそのような神の化身でないことがだんだん明らかになって来たのである。

誰でもが現実に触れると「永遠の理想」が幻滅《げんめつ》するように、この『美しき魂の告白』の女主人公も其時《そのとき》が来るのである。そこで彼女は云う——

「さて私どもの結合の約一年が過ぎましたが、それとともにお互いの春も去ってしまいました。」

何故《なぜ》お互いの情熱がさめてしまったのであろうか。現実は「理想」よりも低いものであったからである。彼女は「永遠の理想」を恋していたのであって、肉体のある男性を恋していたのではないのである。従ってナルツィスがその「永遠の理想」から余程マイナスされた男性であることがわかると、彼女の情熱はさめて来たのである。

「以前には、熱湯の中に立ててあった寒暖計が、いまは自然の空気の中にかかったのです。それは大気の温度以上に昇ることが出来ませんでした。」

と彼女は告白する。そしてついに彼女は、一度は自分にとって「全世界」を代表していたところのナルツィスと別れることになったのである。彼女が「永遠の理想」の代表者としてナルツィスを愛していたのは、彼女が結婚の約束を破棄《はき》して後《のち》に次のように云っているのでも明らかであるのである。

「いまやわたくしには、あらしの多い三月、四月のあとに晴朗な五月日和《さつきびより》があたえられたような気がいたしました。健康もすぐれ、なんともいえぬ安らかな気持を味わいました。どちらをどう見まわしても、失ったものもあるが、なお得たものが多いのでございました。若くもあれば感情にも充《み》ちていましたので、美しい庭園ですごす時を退屈しないために仲間や遊戯を必要とした以前にくらべて、神の創造の世界が千倍もうるわしく思われました。」

こう云う彼女は結局、現実の人間にその「永遠の理想」の具体化した相手を見出すことが出来なかったのである。そして一生を独身で終る――そのことは「光明思想」の生活者から視《み》ると物足りないけれども、彼女はとうとう、永遠に対する情熱を「生ける人間」に対して持ちつづけることが出来ず、「人間のない世界」に神さまの存在を見たのである。彼女は「人間の世界」から去りたいと思った。そして彼女は喀血《かっけつ》したのであった。そして、

「この世にはなんの未練もございません。わたくしはここでは正しいものに出会われぬことを確信していました。」

と云う。しかも「生《せい》を断念して」いたがために喀血にも驚くことなく、「生命《いのち》を捨つるものは却《かえ》って生命《いのち》を得《う》」とのイエスの言葉の通りに、再び健康を恢復《かいふく》したのであった。そして云う。

「この身は神さまなしでこの世に存在しているのでないと云うことを、千の小さな事象が集って、ちょうど呼吸がわたくしの生存の表徴《ひょうちょう》であるように正確に、わたくしに証拠だててくれたのは、なんと云うしあわせだったのでしょう。神さまはわたくしの近くにいらしたのです。わたくしは神さまのおん前にたったのです。」

彼女にとっては永遠の情熱は、こうして眼に見えぬ神へと転向せしめられて往《い》ったのであって、「現象」を「あり」と見ている限りに於《お》いて、彼女の如く、具体的人間に於いて「永遠の理想」の具体化を見出す如きことは決して出来ないのである。遮莫《さもあらばあれ》、この美しき物語は、ゲーテが青年時代に筆を染《そ》め、壮年期にいたって完成したものであるから、吾《われ》らが今「光明思想」によって「永遠の理想」を現実的な配偶者に於いて見出すことが出来ているのにくらべて物足らぬ点があるのは止《や》むを得ないことであるが、兎《と》も角、永遠の情熱は、「永遠なるもの」を対象に於いて見出し得ない限り、それを持続することが出来ないのである。大自然は「永遠なるもの」の顕現であるけれども、人間は「永遠なるもの」の顕現ではないと考えるような傾向が人間の大多数にあるようであるが、しずかに人間の本性《ほんせい》を光明思想に照して見詰《みつ》めるとき、人間こそ「永遠なるもの」の最高の顕現であり、これに対して、大自然に対するよりも、より大いなる情熱の湧き起らないのは本当ではないのである。

第八章　愛の諸段階に就いて

四無量心《むりょうしん》を完成するもの

「愛する」とは愛翫《あいがん》することではないのである。酒飲みが徳利《とくり》を愛翫するようにそれを舌なめずりして可愛がることではない。愛翫するのは五官的快感を感ずるがゆえに、それを玩弄《がんろう》しいじくるに過ぎないのである。茶器を道楽にもてあそぶ者は、茶器を愛翫する。それをなでさすり、透《すか》して見、近くで見、遠くから見、その良さを味《あじわ》いとろうとする。そして、其《そ》の名器を手ばなしするのを惜《お》しいと感ずる。併《しか》し、それは真に「愛する」のではなくして、「愛着」するのである。そしてそれを自分に所有したいと思う。何物にかえても、それを自分に所有したいと思う。他の人がそれを得《う》るならば羨《うらや》ましく思う。嫉妬《しっと》を感じ、或《あるい》はそれを得た人を心憎くさえ思うのである。多くの男女間の愛情は、この酒飲みが徳利を愛翫し、茶人《さじん》が茶器を愛翫するように五官的な快楽と、触りたい、持ちたい、自分のものにしたいと云《い》うふうな執着《しゅうじゃく》を伴うのである。かくの如《ごと》き愛情は、なお真の「愛」ではなくて、著《いら》るしく「利己的」な色彩を帯びたものである。

真の「愛」は斯《か》くの如き「利己的」な色彩のすべてを完全に脱却《だつきゃく》した如きものでなければならないのである。釈迦《しゃか》が悟りをひらかれたとき「諸愛悉《しょあいことごと》く解脱《げだつ》された」と阿含経《あごんぎょう》には書かれているが、諸愛（諸々《もろもろ》の愛着）が悉く解脱されたとき真の「法愛」（ほとけの愛）に到達するのである。愛するとは、小鳥を籠《かご》の中に入れて愛翫することではなく、小鳥を自由に放ちやることである。

愛着は数寄者《すきしゃ》のことであって、それは「好き」であるのであって、執着の境地を脱しない。真の愛は、仏の心である四無量心こそそれである。四無量心とは、慈、悲、喜、捨の四つの無量に深い心である。慈悲は誰も知るとおり苦しめる者を可哀《かわい》そうに思い、その苦しみを抜いてやり、楽を与えてやりたいと云う心である。其処《そこ》には「好き」とか「嫌い」とかの好悪《こうお》は混《まじ》らないのである。「己《おのれ》の如く汝《なんじ》の隣人を愛せよ」である。「汝のうちいと小さきものになしたる憐れみの行為《おこない》は、われになしたるなり」である。

キリストは最《い》と小さき、みにくき者の姿でいつ吾等《われら》を訪れて来るかも知れないのである。東方阿閦如来《とうほうあしゆくにょらい》は、癩病《らいびよう》患者の姿をもってあらわれて、光明皇后《こうみようこうごう》に対して「自分の背の膿血《のうけつ》を吸え」と云ったのである。それに対して求められるがままに膿血を吸われた光明皇后は決して「好悪」によって膿血を吸ったのではない。好悪を絶した絶対慈悲の立場から癩病患者の背《せな》に唇《くちびる》をあてられたのである。

「好き」は「愛」の芽生《めば》えであり、入門であるけれども、真の「愛」ではないのである。五官に触れて感ずる快感による「好き」は、通常、身体《からだ》の下部から、漸次《ぜんじ》上部へ、その味う快感域の上昇に従って高尚となって来るのである。性愛すなわち性器による愛翫又は愛好は、慈悲などと云う純粋な「真の愛」とは著るしく異った種類のものであるのである。それは相手を幸福にして苦痛を除いてやるどころか、相手に苦痛を与え、相手を不幸に突き落してさえも、相手を愛翫することによって自分に快感を奪いとろうとするのである。それは少女に対する暴行や、占領地に於ける醜猥《しゅうわい》きわまる行為によって、如何《いか》なる種類のものであるかが暴露《ばくろ》されているのである。それは全く利己的な愛翫であって、微塵《みじん》も慈悲や「真の愛」と称すべき種類のものではないのである。性愛はまた著るしき独占慾《よく》を伴い、自分のみで相手を独《ひと》り占めして置きたい慾望を伴うことがある。あの有名な「阿部さだ事件」と云うのがあったが、彼女は自分の良人《おっと》を他の女性に触れさせるのを厭《いや》がった結果、良人を殺してその性器を切りとり、それを帯の間に挿《はさ》んで携帯したと云うのである。それは守銭奴《しゅせんど》が貨幣を独占して置きたいと同様に、良人の性器を独占して置きたかったのである。かくの如き愛情は一種の「性的独占慾」であって、真の愛を遠ざかること甚《はなは》だしいものがある。多くの男女間の性愛は、かくの如きものであって、実は「自分の愛翫する物への独占慾」であって真の愛でも、慈悲でもないのである。

此《こ》の種の愛翫の器官が、身体《からだ》の最下部にある性器から順次、身体《からだ》の上部へ移行するに従って、その愛翫の表現は次第に高尚になって来るのである。口唇《こうしん》は性的接吻《せっぷん》にも用いられれば、西洋に於《お》いては親子の愛情の表現にも用いられ、また食事をするために一般に用いられる。性器は身体《からだ》の最下部にあり、その性愛的表現は一般に下品であるとせられて公けに見せられない処《ところ》で行われるが、口唇による愛翫は、それが性的接吻であってさえも、映画などに於いては公々然《こうこうぜん》と観覧に供せられ、食事の作法などでは別に一般から嫌悪《けんお》せられたりはしないのである。しかし、口唇がにちゃくちゃ食物《しょくもつ》を愛翫している有様は、あまりに上品な感じではないのである。何処《どこ》か犬猫の貪《むさぼ》り食《くら》うが如き卑《いや》しき感じがするのである。其処《そこ》で女性などは、出来るだけ口をすぼめて上品らしくおちょぼ口してたべるのである。

口唇よりも、やや上部にくらいする鼻孔《びこう》は齅覚的刺激《きゅうかくてきしげき》によって快感を得《う》るのである。古代又は中古に於いては「香合《こう》わせ」などと云って色々の「香」を順次かぎ合わせて、その変化のメロディを楽しんだと云われている。鼻孔の感ずる所のものは蒸発する物質の微分子の刺激であって、やはり直接接触によるものであるが、それが微分子であるがために、肉眼には見えず、性器や、口唇に直接触れて感ずるような露骨《ろこつ》な下品さが感じられないものであるがゆえに、香料の愛翫は性器や食物の愛翫よりも稍々《やや》高尚に感じられる。

更《さら》に聴覚による刺激の快感は、もう物そのものの直接接触ではなく、物の振動によって発したる振動が空気を媒介として間接に感じられるものであるがゆえに、それは直接接触感（肉感）ではなくて、離れたる感じ（美感）として感じられる。更に視覚による快感は、空気を媒介とするよりも、一層稀薄《きはく》なるエーテル波動を媒介とするものであるが故《ゆえ》に、最も離れたる快感として、最高の美感として感じられるのである。随《したが》って聴覚や視覚による快感に対して惑溺《わくでき》又は陶酔《とうすい》しても、他の肉感への惑溺又は陶酔の如くには低卑《ていひ》には感じられないのである。絵を見つめて恍惚《こうこつ》となっても、音楽に聴き惚《ほ》れて呆然《ぼうぜん》となっても、それは下品には感じられないのである。しかし、それにしてもそれは五官による快感への惑溺に過ぎないのである。それは多分に、その美しき絵をいつまでも見たい（自分に引きつけて置きたい）と感じ、その美しい音楽をいつまでも聴いていたい（自分のものにしたい）と感ずる――程度の差こそあれ、一種の所有慾に似たもの、或《あるい》は執着に似たものを感ずるのである。斯《か》くの如きは決して「真の愛」ではないのであって、観照《かんしょう》と所有慾との中間を行くものである。

真の愛は、眼に美しく感ぜずとも、耳に妙《たえ》なる音楽を聴かずとも、一切の五官を超えてその上位にあるところの愛である。それゆえにそれは最早《もはや》、現象にどんな形が現れていようとも、眼で見ず、耳で聴かず、五官で一切の形に触れず、心で相手の実相が「神そのまま」にして完全なることを見て、敬し礼《らい》するのである。その実相円満の姿を見て敬し礼する心こそ真の愛であるのである。

真の愛は、肉体の一部分のみを愛するのではなく相手の生命全体を愛するのである。性器や味覚や齅覚や聴覚や視覚を愛するのではなく、相手の実相を愛するのである。愛するとは敬し礼するのである。自己が快楽を得《う》るための手段として相手を扱う如きは決して真の愛ではないのである。

真の愛は、一般に慈悲に似たものである。慈悲は相手の不幸を見てそれを可哀相《かわいそう》に思いそれに同情を感じ、その不幸をなくしてやろうと感ずる。それはイエスがラザロの死を見て「イエス涙を流したまえり」と云う同悲の心である。相手の悲しみを自己に摂取《せっしゅ》して自分の悲しみとして感ずるのである。しかしこれでは決して「相手の不幸」を消すことは出来ないのである。自己に摂取した「相手の不幸」が其《そ》の実相に於いては「非実在」なることを観《み》て、その観照によって、「相手の不幸」を消さなければならないのである。所謂《いわゆ》る『般若心経《はんにゃしんぎょう》』にある「観自在菩薩《かんじざいぼさつ》の深般若波羅蜜多《じんはんにゃはらみた》を行《ぎょう》じたまう時、五蘊《うん》を皆空《みなくう》と照見《しょうけん》して一切苦厄《くやく》を度《ど》し給う」である。五蘊すなわち物質とその感受する想念意識とにてあらわれている一切を皆空と、般若の智慧《ちえ》の眼をもって照見した時に於いてのみ、一切苦厄を度《すく》うことが出来るのである。即ち一旦《いったん》相手より自己に摂取したるところの苦厄を、真理によって照見して、それを「無」と見て、空《くう》じ去り浄《きよ》めるのである。これが真に慈悲であり、苦しみを抜き、楽を与えることになるのである。

　他の苦厄に対しては誰でも同情し易いのであり、その苦厄から救ってやりたく思うのであるけれども、他の喜びに対して同喜《どうき》することは、常に誰でも必ずしも出来ることではないのである。他《ひと》の喜びを見て、羨《うらや》ましく感じ他《ほか》の人が自分より儲《もう》けたならば自分が損したように思い、他《ほか》の人が自分よりも出世をしたならば、自分の地位が下ったように思うのは嫉妬であって愛ではないのである。真の愛は、他《ひと》の喜びを見て、自分も亦《また》喜べなければならないのである。他《ひと》の出世を見て、わが子の出世のように喜び、他《ひと》の成功を見て、わが子の成功のように思える者であってこそ「真に愛する」ものだと云うことが出来るのである。

　慈悲喜捨の四無量心こそ真の愛であるが、最後の捨徳こそ四無量心を完成するものであり、同時に最も成しがたき愛行《あいぎょう》であるのである。通常「愛」とは「愛」する者を自分の側近に引きつけて置きたいものであるけれども、捨徳は、「愛する者」を「愛するがゆえにこそ」捨て、放つのである。小鳥を愛するが故に、小鳥を籠の中に入れて楽しむのではなく、小鳥を自由に放つのである。愛児が瀕死《ひんし》の病いに罹《かか》って、もうどうにもならないときに、みずからの好悪《こうお》によって、その愛児を地上に引きとめて置きたいなどと思うことなく、「み心ならば天国になりと、どこへなりと引取りたまえ」と祈り得《う》る心である。自己の愛憎や好悪を捨て、ただ神のみ心にすなおに委《まか》せ切って、自己の最も愛する者をさえも放つのである。「神よ、みこころならば、この苦《にが》き杯《さかずき》を我より取去りたまえ。されど我が意を成さんとにはあらず、みこころの儘《まま》にならしめ給え」と云うイエスの祈りこそ、この捨徳の完成であるのである。これこそ「汝、心を尽し、精神を尽し、魂を尽し、力を尽して汝の神を愛すべし」と云ったところの神への絶対帰入《きにゅう》の愛であるのである。愛の深い省察についてはスター・デーリーの『愛は刑よりも強し』の私の抄訳《しょうやく》があるからこれを参照せられたいのである。

第九章　恋愛の心理

純浄《じゅんじょう》な恋愛と肉体の性慾《せいよく》と

私は恋愛と云《い》うものをそれほど重大なものだと考えていません。恋愛の心理は青春期に於《お》ける一種の熱病のようなものだと考えています。恋愛は、二つの相分《あいわか》れていた魂が互いに半分なる相手を見出した悦《よろこ》びだと云うように宗教的に解釈いたしますと、それはまことに神聖なものでありますが、そう云う純浄なる恋愛が本当に見出されるのは、浜の真砂《まさご》の中に見出されるダイヤモンドよりも稀有《けう》なものだと云わねばなりません。肉体と云う皮袋《かわぶくろ》につつまれている人間の魂は、本当に純浄な恋愛を、肉体的五欲の熱病によって汚《けが》され勝《がち》なのであります。本当の純粋な恋愛を振返って御覧になりますと、性的な肉体的なそんなものは全然感じない。そんなことを一瞬でも想像したならば、それが自分の神聖な純愛を汚したように思う。最も高貴なものを汚土《わど》でよごしたように思うでしょう。ところが、肉体と云うものは、その肉体の維持《いじ》のために食《しょく》慾《よく》を有し、肉体が一代限りで滅びないために性慾を有しています。そのために男女の肉体相寄れば、それが性的能力者の年齢である場合には性慾が起って来ます。これは本当に霊的《たましいてき》な恋愛にとっては傷《いた》ましい事実なのです。私はそう思いました。

魂の悦《よろこ》びの前には肉体の慾望《よくぼう》は光を消す

今もそう思います。女の陰部をまさぐる如《ごと》きは、犬もするのであって本当の恋愛ではない。本当の恋愛は肉を超えて愛しなければならない。恋愛は魂のみについたものでなければならない。肉体の慾望が混入するとき恋愛は汚《けが》れたものとなる。それだのに現代の知識人や青年たちが、自由恋愛を説きながら、実は「自由性慾」又は「自由肉交」を説いているのはまことに残念なことだと思うのです。キリストがヨルダン河の畔《ほとり》で断食修行《だんじきしゅぎょう》していたとき、悪魔があらわれて世のもろもろの国とその栄華《えいが》とを示して、「汝《なんじ》もし平伏《へいふく》して我《われ》を拝せば此等《これら》を皆なんじに与えん」と誘惑した、その諸々《もろもろ》の栄華の中には肉慾の娯《たの》しみも含まれているのです。悪魔、サタン、蛇などは聖書又は仏典に於《おい》ては五官の快楽、五欲の楽しみの象徴として描《えが》かれております。この悪魔にひれ伏《ふ》すことは「本当の自分」の敗北となるのであります。維摩経《ゆいまきょう》の中で、維摩居《こ》士《じ》に感化された魔女たちが魔王宮《まおうきゅう》へ帰って来たらいろいろの五官の楽しみがあるぞ、五欲の楽しみがあるぞと言われても、もう彼女たちは五官の楽しみ、五欲の楽しみから離れてしまっていて永遠に尽きない本当の悦びを求める境地になっていまして「永遠に尽きない楽しみというものを教えて下さい」斯《こ》ういうところがあります。そうすると維摩詰《きつ》が「暫《しばら》く待っておれ」と云《い》って、やがて永遠に消えない灯《ひ》を手燭《しゅしょく》のようなものに移して差出します。「ここに無尽燈《むじんとう》がある。これをやろう」と云うのです。是《これ》は象徴であります。無尽燈のように無限の霊《たましい》の悦びの尽きないものを吾々《われわれ》は求めなければならないのです。私が維摩経を脚本にしたものには次のように飜訳《ほんやく》してあります。

「これは、無尽燈と云って迷いを照らす実相の灯《ひ》だ。これはいつまでも尽きない悟りの燈《ともしび》だ。一つの灯《ひ》を点じて、それを移せば千万の燭台《しょくだい》がことごとく光を発《はな》つのだ。悟りの灯《ひ》は他に移しても移しても自分が減らずに殖《ふ》えて行くばかりだから無尽燈というのである。法楽《ほうらく》を知ったお前達が、法楽の灯《ひ》を点《とも》せば、魔王宮が明るくなる。環境は心の影、娑婆《しゃば》にいても浄土《じょうど》にいても、心に悟りの灯《ひ》を点せば、そこが明るい世界になるのじゃ。さ行け。魔王宮にも真理の法燈が点る時が来たのだ」（印《いん》を結んで手を挙ぐ。天女の持った手燭の灯《ひ》、強烈極《きわま》る光を放つ。後庭眩《あとにわまぶ》しい位《くらい》明るくなる。）すると魔王が「も少し光を弱くして下され。余り強力な真理の力で、私の通力《つうりき》が奪われまして魔王宮へ帰ることが出来ません。も少し光を弱くして下され」（『生命の實相《じっそう》』第十六巻宗教戯曲《しゅうきょうぎきょく》篇収録）と云っています。五欲の誘惑は本当の霊《たましい》の悦びの前には光が失われてしまうのであります。

恋愛病患者

恋愛病患者と云《い》うのがあります。次へ次へと、恋愛していなければ淋《さび》しくてたまらない。これは本当の魂の悦《よろこ》びが得られないから、瞬時肉体的悦びで代償《だいしょう》を得ようとするのであります。吾々《われわれ》は霊の永遠の悦びを得なければならない。吾々の五官の喜びは必然的に有限であって瞬時に燃えつくして終ったのです。まことにそれは花火線香見たいなものであって、それを一時間以上続けるということは難しい。それは無尽燈《むじんとう》ではないのであります。ところが真理というものは無尽燈であって、此《こ》の灯《ひ》を点じてそして何万の人達の霊をも輝かすことが出来るのであります。真理の法楽《ほうらく》の灯《ひ》を点じたら一時に何億何万の人達がみんな一遍《ぺん》に輝いてくる。光の本《もと》は一つであっても無限にその灯《ひ》を移すことが出来る。而《しか》も他所《よそ》に灯《ひ》を移してやったからといって自分の灯《ひ》が減るわけでないというのですね。是《これ》が真理の灯《ひ》であります。吾々が生命の実相の真理を知って人に伝えて上げますと、人の病気がやがて治るとか、家庭がよくなるとか、現《げん》世利益《せりやく》は捨て置いても法悦《ほうえつ》の、魂の喜びというものが起って参ります。その人が又次に伝えると又次にそういう風に魂の喜びが伝わって来ます。人に真理の道を伝えてやったからといって自分が減るかというと、決して減るのではないのです。あの人に伝えてやって私は楽しい。あの人があんなに喜ぶと思うと、楽しいいいことをしてよかったと思うのですね。そうすると益々《ますます》自分は楽しいのであります。

恋愛の昇華《しょうか》と向上

グレン・クラーク教授の本の中に、伝道者が信者に恋愛されてそれを打ち明けられた場合にどうするかと云《い》う問題が書かれていますが、それは無下《むげ》にその恋愛を否定するのではなく、「自分は神と偕《とも》にあるのであるから、自分を愛するならば神を愛せよ、神の道を伝えることの中に自分への愛を満足せしめよ」と云って、恋愛を肉慾《にくよく》満足の方向へ向下《こうげ》せしめるのではなく、神への愛の方へ昇華向上せしめるように導けと指導しているのであります。まことに至言《しげん》と思われるのであります。キリストもマグダラのマリヤが恐らくは半ば恋愛的意味に於《お》いて近づいたのを排斥《はいせき》はなさらずに、しかも肉の誘惑には陥《おちい》らせずに永遠に純な魂の悦びにまでマリヤの愛情を昇華せしめられたのでありました。

普通「恋愛」と云われているものの中には、色々の不純な肉的なものが含まれているのであります。その不純物、夾雑物《きょうざつぶつ》を分離して吾々は恋愛を昇華しなければならない。五官の楽しみは自分はよかったと思っているうちに、その楽しみも或《あ》る時間持続すると苦しみに変ってしまうのであります。人は此《こ》の儚《はかな》く消え行く五官の楽しみの悦びの事実に触れて、その五官の悦びが実在でないことを知り、そこから出発して永遠不滅の霊的歓喜にまでそれを昇華しなければならないのであります。

要するに五官の楽しみというものは尽きてなくなる楽しみであります。真理の楽しみは尽きない燈火《ともしび》の楽しみであります。恋愛は初恋の純粋なものに於いては肉を超え、肉体慾望の混交《こんこう》するのを恐れますが、既に肉慾を知った者や、壮年中年の者に於いては「愛」と「肉慾」とが混同され勝ちなものであります。そして「私は彼女を愛しているから、どうしても自分の云うことをきかせねばならぬ」などと云います。こうなれば、「愛」は「肉慾」にとってかわられ、肉慾の前に敗北したことになります。吾々《われわれ》は五官の誘惑、サタンの誘惑にまどわされてはならないのであります。イエスは「サタンよ去れ」と云いました。吾々は真理の光によって、美しき「恋愛」の装いをつけて来た「肉慾」と云う悪魔を照して退散せしめなければならないのでありま す。真理の法燈が高く明るく掲《かか》げられますと、悪魔は逃げ出します。

「もう少し光を弱くして下さい。強烈な真理の光で私の通力《つうりき》が奪われまして魔王宮《まおうきゅう》に帰ることが出来ません。もう少し光を弱くして下さい」維摩経《ゆいまきょう》では魔王は斯《こ》ういっていいます。要するに悪魔と云うものは非実在であって真理の光が充《み》ち満ちるところには存在し得ないで消えてしまうものであります。

第十章　恋愛の昇華に就いて

「愛」と「好き」とは異《こと》なる

「人その友の為に命を捨つる、これより大《おお》いなる愛はなし」とキリストは云《い》った。キリストの愛は決して単なる「好きになる事」ではなかったのである。寧《むし》ろ「好きを捨てる」ことでさえあったのである。凡《およ》そ「好き」とは眼に見て快感を得、鼻に嗅《か》いで快感を得、舌に味《あじわ》って快感を得、耳に聴《き》いて快感を得、皮膚に触れて快感を得ることなのである。眼に見て不快を感じ、耳に聴いて不快を感じ、鼻に齅いで不快を感じ、舌に味って不快を感じ、皮膚や粘膜に触れて不快を感ずるものを吾等《われら》は「好きでない」又は「嫌いである」と云うのである。

併《しか》し、愛とは、眼に見て不快を感じ、皮膚に触れて不快を感じながらでも、彼の幸福を希《ねが》ってやることである。それは光明皇后《こうみようこうごう》が癩病《らいびよう》患者に施浴《せよく》を与えられた如《ごと》きものである。光明皇后と雖《いえど》も癩病患者を眼に見て快感を得られたのではないのである。皮膚に触れて快感を得られたのではないのである。しかし「好き」と「快感」とを超えて、むしろ「好き」を捨てて癩病患者を愛されたのである。

愛とは斯《か》くの如きものである。顔が好きだから愛すると云うがごとき恋愛は、それは決して愛と云うに足りないのである。それは結局、接触による快感であって、視覚による快感も（眼球と云うものが、皮膚の発達変形せるものであると云うことを考慮に入れれば）皮膚の接触による快感と異らないものである。

「愛」と「性愛」とは異《こと》なる

多くの恋愛が、視《み》て恋しくなり、触れて恋しくなったものである限りに於《お》いて、それは煙草《たばこ》の香味《こうみ》に触れて煙草が好きになったり、酒が咽喉《のど》にふれて酒が好きになったりしたのと同じことであって、それは、結局、自分に触れて快いから触れたくなったに過ぎないのである。自分に快いから触れたい、視たいと云《い》うのは、これは結局「利己的」な感情であって、自己放棄《ほうき》の感情であるところの「愛」とは全く縁遠いものであるのである。

然《しか》るに多くの恋愛する男女は、それが単なる性愛でありながら、それを「愛」であるかの如《ごと》く誤信する。恋愛と云う「愛」の一字の混入に胡魔化《ごまか》され、自己を欺《あざむ》き、同時に相手をも欺くのである。だから真には彼等は相愛《あいあい》してはいないのである。彼等は相愛しているが如く誤信しつつ、相手から出来るだけの快感を引出して来ようとする。それゆえ、この程度の恋愛結婚が、結婚後、永く幸福であることが不可能であるのは云うまでもないである。相手から快感が得られることを「愛する」ことだと思って結婚したのであるから、快感が得られなくなったら「不快」に感じ、仲好くなくなり、夫婦喧嘩をはじめるのも無理はないのである。多くの恋愛結婚が、幸福であるかの如く見えながら、不幸に終るのも当然のことである。

「愛」の本質は自己放棄《ほうき》である

愛とは、相手の魂の向上、又は相手の幸福のために自己放棄することとである。自分に快感が得られるから相手と結婚するのではなく、その相手の人が、自分にとって「好き」であろうと、「嫌い」であろうと、自己放棄する相手を定めて自己放棄をすることである。この点に於《お》いて、古い時代の、親が勝手に定めた相手と結婚して、自己の最も尊いとしている処女性を自己放棄した結婚方法こそ、最も「純粋に自己の好悪《こうお》の混《まじ》らない」自己放棄——即《すなわ》ち「愛」を実現する方法だったとも云《い》い得《う》るのである。男性の方からも此《こ》のことは同様のことが云い得《う》るのである。

「結婚は恋愛の墓」と云う諺《ことわざ》があるが、好き嫌いが恋愛の基礎になっている以上、これは或《あ》る程度まで正しい諺だと云い得《う》るのである。結婚するや否や、好きよりも嫌いよりも、相手のために献身することが始まるのである。性交が自己にとっての快感である限りに於いて、それは自己献身ではない。性交が自己にとってたとい不快であろうとも、相手が快感としてそれを求める限りに於いて自己を捧げて与えようとするときにはじめて自己献身が始まるのである。それは快楽を求めんとするのではなく、快楽を与えようとするのである。それは或る意味に於いて抜苦与楽《ばつくよらく》である、慈愛である。真の意味に於いての「愛」は恋愛が慈愛にまで昇華《しょうか》したときに始まるのである。

陶酔《とうすい》は愛ではない

青年男女が結婚した当初に於《お》いて、むさぼり食《くら》うが如《ごと》く、性慾《せいよく》を満足せしめ合って、そして「愛している」と感ずるが如きは誤信であってそれは「愛」ではない。それは快感への陶酔であるに過ぎない。陶酔は「愛」ではないのである。食物《しょくもつ》をむさぼり食《くら》っても、それは「愛」ではない。それは寧《むし》ろ渇《かつ》慾に過ぎない。渇慾はみずから満たさんとする衝動《しょうどう》であって、それは「愛」ではないのである。食慾における如く、性慾もそれをむさぼり満たし陶酔する点に於いて、それは渇慾であって、愛ではないのである。

結婚生活がだんだん深く進行してくるに従って、その性慾の渇慾的状態はだんだん浄化《じょうか》されて来るのである。その性的興奮状態の減少は決して「愛」の減少ではなく、寧ろ愛の向上であり、純化であるとも謂《い》い得《う》るのである。彼等は結婚当初の如くには互《たがい》にむさぼり食《くら》わなくなるのである。そう云《い》う貪《むさぼ》り食《くら》う状態は過ぎ去り、互の運命を、健康を、気遣《きづか》い合い、いたわり合うようになる。互に貪り食《くら》うように肉体が接近していなければならなかったのが、肉体が遠くに離れていても、相手が真に幸福でありさえすれば満足出来るようになる。食慾に於いて、食い過ぎをしないように互に気を遣うのと同じように、性慾に於いても、互に貪ることによって、互の老衰をはやめることがないように互に節制し合うようになる。こうした場合に一方の性慾が他方の性慾よりも強く、一方が節制することを欲しているのに、一方が貪りたい慾望をなお浄化し得ないとき、夫婦間に一種の危機を生ずる。一方が性慾の満足を求めないのを誤解して、「彼は私を愛しなくなった」のだと思いちがえる。トルストイが「子どもを求める必要がないのに行う性交」を絶対不潔な要求として退《しりぞ》けていたことが、彼の細君の不満足を買い、トルストイ夫婦が常に仲好くなれなかった原因の一部が其処《そこ》にあったとも云い得《う》るのである。

人間を快楽の道具にしてはならない

人間が人間を快楽の対象にすることは「愛」ではないばかりではなく、それは罪悪ですらある。人間は、「神の子」の尊厳を持つ人格者であるから、人間を自己の快楽の道具にしてはならないのである。女郎買《じょろうかい》が不道徳であるのは、彼女の不潔な肉体に触れるからではなく、人間を自分の快楽の道具に使おうとするからである。夫婦間であっても、互《たがい》に自己献身の気持で行われる性交でなくして、互を「自分の快楽の道具」として娯《なぐさ》もうとしている限りに於《お》いて、それは不道徳であるのである。新婚当初の性交には、なお多分に、自己快楽の対象又は道具に相手をしていることがあるものである。この不純的動機が剝落《はくらく》するようになって、はじめて真の夫婦愛があらわれるのである。

此《こ》の意味に於いて、真の夫婦愛は、結婚生活の晩年に於いてあらわれるのである。もう互は性交の快楽の道具でもなければ対象でもないのである。そして又、眼で楽しみ、声で楽しみ、触れて楽しむ相手ではないのである。唯《ただ》彼は彼女の、そして彼女は彼の、運命のよくなること、魂の向上をのみに心遣《こころづか》いをするようになる。そのためにのみ相手を愛し気遣うのである。それは感覚的満足のためではなくなる。どんな渇慾《かつよく》ももう彼等にはないのである。二人の神の如《ごと》く、二人の天使の如く、ただ人を救うために、ただ互の魂の向上のために彼等は互に愛し合うのである。

(註) 愛に関する深き考察については拙著『愛は刑よりも強し』及び、『恋愛・結婚・母性』を読まれたい。

第十一章　信仰生活の種々相

信仰の満潮期と干潮期

吾々《われわれ》が真理にふれる時、そして神との接触が行われたと自覚された時、凡《あら》ゆる方面に吾々の生活が輝いて来て、病《やまい》は癒《い》やされ、家庭は調和し、事業は繁盛《はんせい》におもむき、「行く所可《か》ならざるなし」というような状態になるのが普通である。そういう時にその人は信仰に熱がのっていて、所謂《いわゆ》る「感激中《ちゅう》」というような状態になるのである。

所がその感激中は、そう長くは続かないのであって所謂《いわゆる》信仰の「干潮期」がやってくるのである。最初に自分を感激せしめたその同じ真理が、今では一向自分を感激せしめないし、それに伴って自分をとり囲んでいる物質的環境も順調に行かなくなって色々の悩みやいらいらしさが現れて来るのである。

ある場合には、自分自身又は家族の中に突然の病気が現れて来たり、愛する者との間に何か紛争が捲《ま》き起って来て耐えがたいような状態を演出することもある。暗黒が自分の周囲をとじこめて、迷宮はますます迷宮に入《い》り、再び真理の光を見る望みは失われ去ったようであり、ともすれば、自暴自棄になろうとする。病気や周囲の不調和そのものの苦しみよりも、一度《ひとたび》はあんなにも奇蹟を現して、自分に輝く世界を見せてくれていた真理が、今は何の効果もなく、この悩みを解決する力を失ったという事の打撃の方が、尚一そう痛切に感じられるのである。もう拠《よ》り所がない、もう摑《つか》むべき藁《わら》一筋もないというような時が往々《おうおう》にして訪れる。淋《さび》しい信仰の頽廃期《たいはいき》である。

真理の種子は暗黒の中にも生長する

かかる時吾々《われわれ》の魂は叫ぶ。真理は無力なのか？　信仰は無駄なのか？　祈りはきかれないのか？　否《いな》、否、祈りはきかれているのである。真理は有力に働いているのである。吾々はそれに対して信仰をもたなければならない。ただぐらつきかけているのは自分の信仰だけである。暗闇の中でも心臓は鼓動し、肺臓は呼吸して吾々を生かしている。かように、真理は吾々の暗黒期の中でも有力に働いていていてくれるのである。祈りはきかれてすべてが順調に進んでいるのである。暗黒に見え、逆境に見えている時にさえも、真理の種子はそこに生長し、祈りはそこに実現すべく働いているのである。祈りによって蒔《ま》かれたる真理の種子は潜在意識の暗黒の大地の中に蒔かれていて、そこには日光が射さないけれども、種子は次第にふくらみかけているのである。そして、緑の小さい芽がその胚芽《はいが》から生長し出《い》でつつあるのである。吾々は一旦《いったん》自分の潜在意識に蒔かれたる真理の種子が、もう芽をふかないかと思って、掘りかえしてみるような愚かな事をしてはならないのである。吾々が種子を目に見えない地面の中に植えつけて、その発芽するのを大地の力に任《まか》せてしまうかのように、吾々は祈りの結果を、祈りによって蒔かれたる真理の種子の生長を、神のみ手に完全に委《ゆだ》ねて、神が神の方法によってそれを適当な時期に適当な形で、芽を出し茎《くき》をのばし、葉を広げ、蕾《つぼみ》をつけさせてくれるまで待たなければならないのである。神に任せてこの待つ心のないものは遂に美しき花を見ずに終るかも知れないのである。

「現象の善さ」よりも「魂の善さ」を

一たん蒔《ま》かれたる真理の種子は、吾々《われわれ》が信念の欠乏から、掘り返してみない限りは必ず膨脹《ぼうちょう》し、必ず根を拡げ、必ず芽を出し、頭をもたげ、土を破るのである。その結果は破壊と振動とがその周囲に起るのである。それが起らないようでは、その祈りが効果があったというに足りないのである。新しい大きな芽が頭をもたげる時には大地の周囲が破壊するのである。かくて古きものは破壊し新しきものが現れるのである。

周囲に起る不調和と見えたものは吾々が祈りを求めた新しき状態に移るために古き状態が真理によって爆撃されつつある光景にすぎないのである。これを吾々は「迷いの自壊作用《じかいさよう》」といって来たのである。この自壊作用そのものの中に神が吾々の祈りに応じ給うた解答があるのである。吾々はその変化の中に、擾乱《じょうらん》の中に、不調和の中に、病気の中に、周囲の反抗の中に、祈りの実現しつつある過程を見て、感謝し得《う》るだけの智慧《ちえ》をもたなければならない。吾々に必要なのは形の世界がすぐに調和してしまうということではないのである。神の求め給うのは吾々の生命の進化であり、魂の発達である。そんな擾乱の中に於《お》いてすらも、その奥に神の智慧と愛との導きのあることを見得《う》る所の魂の発達こそ、神が吾らに課し給うた所のものであるのである。吾々は直《ただち》に小さな「現象の善さ」を求める。然《しか》し、神はもっと立派な「魂の善さ」を与えようと欲していられるのである。吾々が神の前にさし出す盃《さかずき》が余りにも小さいのである。吾々はもっと大きな盃をださなければ神の愛と恵みを完全に受けることはできないのである。神は吾々が形ある小さきものの成就《じょうじゅ》を求めたのを契機に、形なき宇宙に拡がる魂の喜びを与えようとしておられるのであるということに気がつかなければならないのである。

解決を神の方法に委《まか》せ切れ

もし吾々《われわれ》があらゆる方面に行きつまって何事も思うように行かないというような状態が信仰を得た後に、毎日祈っているにも拘《かかわ》らず現れたとしたならば、吾々は喜ばなければならないのである。それは大地がわれる程の大きなものが下から芽をふきつつあるのである。地面が動きだしたからといって、その地面の動きを征服しようと戦《たたか》ってはならないのである。またその地面を平《たいら》かにしようと鍬《くわ》や鋤《すき》を加えてはならない。吾々は驚いたり騒いだりしてはならないのである。吾々は神に全託《ぜんたく》しなければならない。神は「神の方法によって」吾《わ》が祈りにこたえ給うのである。自分の我《が》の心で「神の方法」を批判してはならない。かかる時に於《お》いて我らの祈るべき言葉は、「神よ、あなたの無限の智慧《ちえ》を以《も》って吾を導き給え。神よ、この解決を貴方《あなた》の方法にお任《まか》せ致します。今起っている事件の意義を知り得《う》る智慧を与え給え、そしてこの試みに耐えてわが魂の発達致しますようにというようでなければならないのである。もし吾々が、祈りにも拘らずそこに現れた不完全な状態と見えるものに対して、恐れ戦《おのの》き、或《あるい》は周章《しゅうしょう》狼狽《ろうばい》し、我《が》の心でその状態を変化しようと努力するならば、折角《せっかく》「神よあなたの方法にお任せ致します」と祈ったその祈りを、取消してしまうことになり、神の智慧に逆《そむ》いて我《が》の智慧を行使することになり、結局、祈った事物の実現をおくらしてしまうことになるのである。

祈りは我々が神のみ心に対して完全に任せきり、「神の方法」に逆《さから》わなくなった時に、もっともなめらかに実現するのである。然《しか》しこれは時としては甚《はなは》だ難しいことがあるかも知れない。ある場合には、今迄かくも愛し、かくも恩恵を与えてきた相手が自分に反抗して立ち、自分に矛《ほこ》を向けて、小さな欠点を鵜《う》の目鷹《たか》の目で探しだし、恩を仇《あだ》で返すような仕打《しうち》をしてくることがあるかも知れない。そのような時に、普通ならば吾々は彼を憎み、自己を弁護するために、彼と同じように彼の欠点を数えあげて相手を傷つけたくなるであろう。然しそれでは決して神のみ心にかなうやり方ではないのである。かかる状態が自分の目の前に現れたということは、自分の魂がそれによって磨かれて、かかる敵をすらも愛する力を、わが魂に実現せんがための、神の摂《せっ》理《り》であるのである。

彼の反抗は業《ごう》の自壊作用《じかいさよう》

更《さら》にそれはあなた自身の魂を磨かんがための課題として現れた状態であるばかりでなく、恩を仇《あだ》で返そうとしているようなその人の誤れる「精神傾向」が自壊せんがために一遍《ぺん》に爆発しつつあるのである。我々の祈りが彼の誤れる「精神傾向」の火薬庫に焼夷弾《しょういだん》を投げこんだのである。焼夷弾は小さくとも、彼の潜在意識の蔵の中に貯えられている業の爆弾は大量であるのである。だから彼は自分に対してはげしく反抗して立つかの如《ごと》く見えるのである。それをただの「反抗」であると思ったり、「状態の悪化」であると思ってはならないのである。それはただ真理の焼夷弾が彼の「精神傾向」の悪さを爆破せしめつつあるのである。彼自身も何故《なぜ》そんなに反抗したくなるのか。意地悪をしたくなるのかその意味がわからないのである。ただ内部から大きな力で揺り動かされるような感じである。とめようと思っても内部から爆発してくるその力がとまらない。もしあなたが、彼のその内部的な業の自壊作用を理解することができるならば、あなたは彼の反抗や、意地悪に対して同情することができるのである。そしてその彼の感情の爆発の奥に目覚めつつある実相の善さを拝むことができるのである。そして一そう彼を愛し、平和の心を以《もっ》て彼に対し「祈りはきかれつつある」と自覚して感謝することができるのである。

祈りの反応としての不調和

祈りの反応として現れて来る不調和な状態の中には、時として自分自身が病気になり、時として自分の愛する家族が病気に罹《かか》ることがあるのである。そんな時に祈りの効果を疑ってはならないのである。それはむしろ祈りの効果が現れつつあるのである。すべて古きものの破壊は新しきものの実現の場所を造りつつあるのである。発熱の中に、発疹《はっしん》の中に、下痢《げり》の中に、古きものが燃焼しつくされ、排泄《はいせつ》され、新しき組織ができつつあるのである。これは祈りの応答として、神があなたに病気を課しつつあるのではないのである。肉体は魂の「機関」であり、精神の「座」であるから、発達せる魂が、尚一そう自由なる精神をその機関を使って働かせんがために、必要なる所の改造が行われつつあるのである。それは肉体の不調和の状態の如《ごと》く見えているかも知れぬけれども、それは病気でもなければ不調和でもないのである。魂の機関が、精神の座が、それによって浄《きよ》められつつあるのである。祈りの応答としてのかくの如き肉体の状態の意味を吾々が本当に知ることができるならば、吾々はその肉体の状態に対して、否《いな》、その奥に動いている所の浄化作用に対して「ありがとうございます」と感謝しなければならないのである。

「無抵抗」の有《も》つ不可思議力《ふかしぎりょく》

環境や周囲の擾乱《じょうらん》に対して、それと戦《たたか》うことを止《や》め、それを「迷いの自壊作用《じかいさよう》」と認めて尚一そう相手を赦《ゆる》し愛する気持になった時に、速《すみや》かに周囲に光明輝く状態が現れてくるのと同じように、かくの如《ごと》くにして起った病気に対して、その病気の意味を理解し、それに感謝するようになった時、自分の病気が、或《あるい》は自分の家族の病気が奇蹟的な迅速《じんそく》さを以《もっ》て回復することがあるものである。

「悪に抗すること勿《なか》れ」「汝《なんじ》をなやめ責むるところの敵のために祈れ」とキリストがいった言葉の真理が又ここにもあてはまるのである。

吾々《われわれ》は他《ひと》を赦すことによってのみ自分が赦されるのである。旧約の救いは「目にて目をつぐない、歯にて歯をつぐなう」自力《じりき》の行《ぎょう》によって行われたのであるが、新約の救いは、キリストの愛と恵みによって行われるのである。吾々は「キリスト」を通じて、過去に如何《いか》に多くの罪業《ざいごう》があろうとも救われるのである。私のいう「キリスト」

とは二千年前《ぜん》に生まれた肉体イエスのことではないのである。キリストとは「自己の内に宿る無限の赦す心」であるのである。キリストは「七度《たび》を七十倍度《たび》赦せ」といったのである。「赦す心」がキリストである。我々が「赦す心」を自分の内に起した時に、キリストは自分の内に宿っているのである。キリストは「我《われ》は道なり、真理なり、生命《いのち》なり」といい、又「我は扉なり、もし誰《たれ》にてもあれ吾《われ》より入《い》るものは救わるべし」といったのである。吾々が人を赦す時我《わ》が内に真理が生き、生命《いのち》が生き、キリストが生き、そのキリストの扉を通して、常楽の世界なる天国に入《い》ることができるのである。

祈りを一層効果あらしめるには

吾々《われわれ》が、もし祈りを効果あらしめんと欲するならば、人を赦《ゆる》さなければならないのである。もし吾々が一つの罪に対して必ず一つの報《むく》いを受けるという法則の世界に於《お》いて生活するならば、吾々は決して赦される時は来ないのである。吾々は今迄自分が生活する為に無数の生きものを殺して来たのである。もし一つの殺生《せっしょう》を以《もっ》て一つの殺生に報いられるというのであるならば、吾々は幾度《いくど》死刑の執行をうけても赦されようがないのである。かくの如《ごと》く現象面から見るならば罪の深い深い人間なのである。それが赦されるためには神の無限の大慈悲の中にとびこまなければならないのである。然《しか》し神の無限の大慈悲の中にとびこんだ所が自分自身が「赦さない」固い心をもっている限りに於いて神の大慈悲の波長と、波長が合わないのであるから依然として赦されないでいる外《ほか》はないのである。

　吾々が心の中に「赦し」の念を起す時「赦し」の法則が自分の心の中に行われ、そこに自分に宿っている「赦し」（キリストの救い）が実現するのである。我々が深い信仰を以て赦しの言葉を心の中で唱える時、一切の罪の報いは消滅してしまうのである。原因結果の法則を超えて救いの世界へ超入する道は、自分自身が「赦し」の心を起して、「赦し」なる神の愛と一体になる必要があるのである。もし吾々が如何《いか》なる罪を犯しておろうとも、真に自分があらゆるものを赦すことができる心境に達すれば、神の赦しの波長はそこに実現し来《きた》って、自分自身が赦される事になり、自分自身が完全なる自由を獲得することができるのである。

他《ひと》の悪を認めてはならない

吾々《われわれ》が神の救いにあずかろうと思うならば、神と同じ心境にならなければならない。神は完全なる善であるから、神は悪を感ずることができないのである。それは恰《ちょう》度《ど》光は暗《やみ》を感ずることができないのと同じことである。吾々が悪を感じ得《う》るのは、少なくともわが心の中に悪の波動が起るからである。我々が、「赤い色」を感じ得《う》るのは自分の心の中に「赤い色」の波動が起るからである。赤色《せきしょく》色盲《しきもう》に於《お》いては、心の中に「赤色《せきしょく》」の波動が起らないが故《ゆえ》に、「赤色《せきしょく》」を見る事ができないのである。神に於いては、一瞬間といえども、「悪」の波動が起らないが故に、神は吾々の「悪」を認め給うことは決してなく、従って吾々の悪を罰し給うこともないのである。吾々が神の救いと完全に波長を合わせようと欲するならば、吾々自身が神と等しく、一切の悪を認めない心境にならなければならないのである。神は吾々の愛深き父であり、神の子たる人間の唯《ただ》「善」のみを見給うのである。その如《ごと》く吾々人間も、すべての人間の内にある「神なるもの」「完全なるもの」「人間の実相」「内に宿るキリスト」を見て礼拝《らいはい》しなければならないのである。そこに如何《いか》なる悪と見えるものの前にも、それも見ない所の無限の赦《ゆる》しが生ずるのである。

法華経《ほけきょう》に於ける常不軽菩薩《じょうふぎょうぼさつ》はすべての人間を、「仏なるもの」として礼拝し、石で打たれてさえも、更《さら》に相手を仏なるものとして礼拝したのである。キリストは十字架につけられながら、一緒に磔《はりつけ》にかかっている盗賊に対して「次の日、汝《なんじ》は我と共に天国にてあらん」といって悪を見ないで天国にいる神の子人間を見たのである。

光に対して眼をひらけ

人は罪を犯したが故《ゆえ》にとて、神に跪《ひざまず》いてその赦《ゆる》しを求めるのであるが、罪とは果たして何であるか。罪とは実相に対して目をつぶっていることであって、それは眼をつぶった目に光の存在しないと云《い》うことにすぎないのである。それは罪という実物が存在するのではなくして、光に対して目をとじていることだけの消極的状態にすぎないのである。吾々《われわれ》は唯《ただ》目を開けば好《よ》いのである。ただ赦せばよいのである。余りに赦す心なく、心のレンズを絞るから光が入《い》らないのである。自分自身の心を小さく絞ることをやめよ。

祈りは、結局心の思いであって、心の中《うち》に想《おも》い浮べた相《すがた》の通りが形に現れてくるのである。人に対して憎みながら、「幸福が来ますように」と祈ることは雑草を蒔《ま》きながら「米を刈りとらせて下さい」と祈るのと同じことである。吾々が人を憎めばその憎みが自分に戻って来て刈りとられるのである。吾々が肉体を大切にしないならば、肉体は吾々を大切にしないであろう。吾々が金銭を大切にしないならば、金銭は吾々を大切にしないであろう。吾々が人間を大切にしないならば人間は吾々を大切にしないであろう。吾々は、与えた所のものが与え返されるのであるということを知らなければならない。吾々がある人を傷つけるならば、その報《むく》いはその人からかえって来ないことがあるかも知れないが、他の人から同じような害を自分に与えるようにかえってくるのである。吾々が甲《こう》に対して出し惜《おし》みをするならば、乙《おつ》は私に対して出し惜みをするであろう。

原因結果の法則の世界

このようにこの世界は原因結果の法則に支配されているのである。憎みや、怒りや、復讐《ふくしゅう》のパイプを造って置いて、そこから平和や喜びや、幸福が流れこんでくると考えてはならないのである。他《ひと》から奪うような方法によって、富んで見ても、その富は又他《ひと》から奪われるか、そうでなければ他の方法でその人の幸福は奪われるのである。

多くの富める人の生活につきまとうものが、家族の病気や、家庭の不調和や、団体と団体との面白くない葛藤《かっとう》等によって起る不幸であるということは、その富が他《ひと》から幸福を奪った結果得られたような部分があるからである。人の幸福を奪うものは、又自分の幸福が奪われるのである。

光は影を見ない

吾々《われわれ》が真に幸福になろうと思うならば、「悔《く》い改め」が必要なのである。「悔い改めよ、天国は実現せん」とキリストは教えているのである。吾々はすべての罪の穢《けが》れから脱却《だつきやく》して幸福になろうと思うならば、人の罪を赦《ゆる》さなければならないのである。如《い》何《か》なる人が、いつどこで、如何なる罪を犯しておろうとも、そんなことは問う必要はないのである。如何なる罪も、罪を見給わない神の前にひきだされた時、それは「雪よりも白く」浄《きよ》められてしまうのである。光は影を見ず、神は罪を見給わないからである。吾々は自分勝手に人の罪にひっかかって、自分の心を苦しめる必要はないのである。吾々が人の罪を赦した時自分の心の重荷はとりさられてしまうのである。

吾々に「悔い改め」は必要であるが、常に罪の記憶で悩んでいてはならないのである。罪は光に反して立った時の影のようなものであるから、「悔い改め」即《すなわ》ち光に面して立った時にはすでに過去の罪はないのである。吾々は他の人を赦すと共に、自分自身も赦さなければならない。過去の一切を投げ出して光の方に直面すればいいのである。その時たちまち諸々《もろもろ》の罪は消えて「雪よりも白く」吾々は浄められるのである。

マグダラのマリヤが過去の罪を悔いてただひたすらキリストの足の前に全身を投げ出した時、その刹那《せつな》、彼女は救われたのである。多くの罪の為に「石にて打ち殺されんとする女」に対してキリストは、「吾も汝《なんじ》を罪せじ、行きて再び罪を犯すな」といっているのである。しかし再び光の反対をふりむく時、暗《やみ》が現れるかの如《ごと》く罪も再び現れるのである。だから「再び罪を犯すな」である。この真理を知らなければならない。人の罪に対して吾々が心をふりむけた時自分自身の心が罪で汚《けが》されてしまうのである。だから吾々は、他の人の悪と不正に対して心をふりむけることをやめなければならない。吾々が罪から解放される所の道は、吾も亦《また》他の罪を釈放する所にあるのである。吾々がもし真に愛深きものであるならば、その人の善き所を探すのに忙しくて「悪」を心に記録して数えあげるような暇《いとま》はない筈《はず》である。

キリストは、自分をとらえに来た者をも赦して、ペテロがそれに対して剣《つるぎ》を抜いて戦《たたか》おうとしたのを押しとどめ、ペテロに耳を斬《き》られて倒れている兵隊を愛の心によって癒《いや》してさえいるのである。キリストは形の上では磔《はりつけ》になったけれども、心の世界では世界を征服し給うたのである。愛と赦しとはもっとも大いなる力であって、それのみが全世界を救うのである。

多くの人達は人の罪に対して長くぐずぐず思い患《わずら》い、赦さないために夜《よ》の目も眠れず色々の肉体的故障を起している人も随分《ずいぶん》沢山あるのである。かかる原因で起っている病気はただ赦すことによってのみ、神の「癒す力」を自己の中《うち》に解放することができるのである。

吾々はすべて、(特に病める人々は)眠りしなに神想観《しんそうかん》を行い、昼の中《うち》に色々の問題に対して起した所の怒り、憎み、争い、嫉妬《しっと》等の感情を心から拭《ぬぐ》い去るようにしなければならないのである。それは次のように心の中で思念するのがいいのである。

「吾は神の子である。神の霊が宿っているのである。神の無限の愛が今全《すべ》ての人の罪を赦し給うのである。そして自分の罪をも赦し給うたのである。自分は今神に赦されて全ての罪は消えたのである。自分は自由である。ありがとうございます。」

かく念じて神の愛を深く自己の内に実感し他をも赦すのである。この習慣をつける時信仰の暗黒時代は速《すみや》かにすぎさって光明に面することができるのである。

第十二章　無限供給を受くる道

無限循環の法則について

与えれば与えられるのは人生の法則である。蒔《ま》かぬ種子《たね》は生えぬのである。まず第一に種子《たね》を与えなければ収穫は得られないのである。この明瞭な道理を自覚しない人達が随分《ずいぶん》多いのである。与える量が多い程受ける量も尚《なお》多いのである。吾々《われわれ》は与えることによって、自分のもてるものがなくなってしまうと恐れる必要はないのである。

供給の本源は無限なる神から来《きた》るのであって人間から来るのでないから、与えたからといって減ると思う必要はないのである。豊かに与えるに従って、神は豊かに与え給うのである。

吾々が他《ひと》に与えるものといっても決して自分のものではないのである。すべては神の造り給うたものである。神から与えられたものを、ただ次へまわすだけである。神は決してその恵みを吾々一個人の所有として独占するようには決して与えたまうているのではないのである。神は神の造り給いしすべての者に対して豊かなる供給が循環し得《う》るために必要な具合に与え給うているのであるから、次へ次へと廻すに従って、又その次が与えられるのである。だから吾々は利己主義を振りまわして、自分の持っているものを、永遠に自分の所有として握ってはならないのである。

執着《しゅうじゃく》すれば悩みが生ずる

もし、吾々《われわれ》が自分の今もてるものを永遠に自分の所有物として握っておろうとおもうならば、きっとその人には悩みができて来るのである。物への執着は悩みの因《もと》であって、放すまいと思えば思う程苦しくなるのは結局放さないことが自然の理にそむいているからであって、吾々が今もてるものを自由に放ちさった時、その心の悩みがきれいに解消してしまうのは放つことが自然の理にかなっているからである。

すべてのもち物はいわば神さまからあずからせて頂いているのであるから、放つといっても無暗《むやみ》に無駄に浪費せよということではないのである。これは「自分のもの」でないという根本的自覚から、あずからせて頂いているのだという謙遜《けんそん》な気持が生じ、あずからせて頂いているのであるから丁寧慎重にそれをあつかわなければならぬという慎《つつ》しみ深い気持が起り、自然にそのものを大切にするようになってそれを拝んで使うようになるのが、本当にそれをあずからせて頂いている人間の謙遜さであるのである。

富は如何《いか》に使用すべきか

もし若干の金を持っていて何かに使おうとするならば、しばらく目をつぶって、「神さま、これはあなたのお金でございます。このお金をあなたはどういうようにお使いになられますか教えて下さいませ。」と心に祈って、そして、「神さまならこのように使うであろう」というように考えて、そのように使うのが、本当に「与えよさらば与えられん」の法則に叶《かな》う所の与え方であるのである。

ともかく吾々《われわれ》は、神からその無限の供給を神のみ心に従って適当な方面に活用するために神から任命された番頭であると思って、自分のものという執着《しゅうじゃく》なしに、然《しか》も他人のものだという「おろそかにする」気持もなしに、神のみ心のままに必要な所へは豊かに豊かに与えるようにする時更《さら》に又豊かに与えられるようになるのである。

吾々《われわれ》は何か必ず与え得《う》るものを有《も》っている

「私は与えようにも、何ももっていません。私は貧乏なのです。私は人に与えるようなものは絶対に何もないのです。」という人があるかも知れない。然《しか》し少なくとも神の生命を受け神の供給を受けている所の人間が、何一つ与えるものがないというようなそんなことは絶対にあり得ないのである。

人に与えよといっても必ずしも金のことではないのである。又何か大きなものでなければならぬことでもないのである。どんな小さなものでも、亦《また》それが形あるものでなくとも、吾々は真心からのおくりものを与えることができるのである。吾々は人々ににこやかなほほえみを与えることもできるのである。又やさしい言葉を与えることもできるのである。読み終った光明思想の雑誌や書籍を貸してあげることもできるのである。病人を訪問してなぐさめの言葉をのべ光明思想で元気づけてあげることもできるのである。庭や道ばたに生えている一もとの草花を愛情のシンボルとして与えることもできるのである。雨が降っている時に、傘《からかさ》の半分に人を入れてあげることもできるのである。ある人はいつも袂《たもと》の中に細紐《ほそひも》を入れて置いて、鼻緒《はなお》の切れて困っている人にその鼻緒をすげかえてあげたという美談もある。どんな小さな与えものでも真心から、人々を幸福にしてあげたいという切実なる願いからのおくりものであるならば、それは虚栄心で行われている大いなる慈善よりも尚《なお》価値があるのである。

自分の心に気の附《つ》かぬ人が多い

人のものを奪った時には何となく気がとがめて不快であるが、豊かに人に与えた時には何となく喜びの感情が湧《わ》きでて来るものなのである。長野県岡谷市の木村周吉《しゅうきち》さんがこんな話をなされたことがある。終戦後戦地におった頃のある友人に会った所が自分の娘で陸軍中尉《ちゅうい》の所へ嫁に行っている者が腸結核に罹《かか》ってどうしても治らないので今何某《なにぼう》病院に入院しているがはかばかしくよくならない。君にたのむが、今日は是《ぜ》非《ひ》その病院を訪れて生長の家の話をしてやってくれないかとその友人がたのむので、木村周吉さんはその病院を訪れて来意《らいい》を告げて、その婦人の病室に入ったというのである。——

するとその病人は非常に美しい婦人であったが、無邪気に相手を歓迎するような表情をしないで、一寸《ちよつと》木村さんを、軽蔑《けいべつ》したような表情で、下から上へ見上げたというのである。その時木村さんは仕事服のままで膝《ひざ》のあたりに「つぎ」のあたっているズボンをはいており、そして今し街頭で多少の街頭募金に応じた徽《しる》し章にその仕事服の胸の所に赤い羽根章をつけていた。その軽蔑したような婦人の目は下から上へ見上げて一度その膝のつぎめにとまるかと思うと、又見上げてその赤い羽根の徽章《きしよう》を見てフフと軽蔑したような微笑を浮べたというのである。

木村さんはその婦人に病気の容態《ようだい》をたずねて、毎日下痢《げり》して止まらないような病状をきくと、

「それはあなたが物を安く買って高く売ったから、その償《つぐな》いにいくらでも下痢するのだ。」といった。

するとその婦人は憤慨《ふんがい》して、

「私は商売人でありませんから、物を安く買って高く売ったことなどはありません。」

とつっけんどんにいった。

「嘘《うそ》つきなさい、あなたはきっと何でも安く買って高く売っているにちがいない。」

と木村さんは声をはげましていった。

「私は軍人の妻ですからそんな破廉恥《はれんち》なことは致しません。」と、その婦人はいよいよますます思い上ったような表情を変にすましていうのだった。すると、

「きっとあなたは物を安く買って高く売っているに違いない。」と、木村さんはどなりつけた。

「そんなことは断じてありません。」

「いや断じてある。いってみようか。あなたは私がこの部屋に入って来た時にまともに私を見ないで、下から上へずっと見上げてそして私の膝のつぎを見て、それから共同募金の徽章を見て変に皮肉に笑ったでしょう。それが私という人間を安く買ったのだ。そして自分は変にすまして何もそんな悪いことはないような顔をしている。それが自分を高く売りつけるということだ。そう人を安く買って高く売りつける高慢《こうまん》な心

をもっていて、そして折角《せっかく》、人様がしてくれる深切《しんせつ》でも、一寸《ちょっと》もありがたい気持で受けないで、人の欠点ばかり探して、自分ばかりを偉いものだと思って、感謝の心がないからそれでいつまでも下痢して天の恵みを受け容《い》れることができないのだ。そういう人は温かい愛の心がないから、腸が冷えてどんな薬を服《の》んでも下痢してとまらないのだ。その根性を治さない限りはいくら薬をのんでもその病気は治らないのだ。」木村さんは語調はあらあらしかったが、深切丁寧《しんせつていねい》に与えたものが与えられるという真理を説いたときに、さすがに今まですましきっていたその婦人は涙を流した。そして、「まことにすみません。」といって泣きくずれた。それから十日間程するとその婦人は腸結核が全快して退院したというのである。そのように与える心なきものは下痢がとまらないこともあるのである。

愛他行《あいたぎょう》のよろこび

ユニティー教校《スクール》のある雑誌にかいてある婦人にもそれに似たような実例がかいてあ

る。非常に富裕な一婦人があったが、彼女は絶対に必要に迫られない限りは一文《もん》も人に与えようともしないで収入のある全部を貪慾《とんよく》につかんでいることにしていた。その結果が彼女の生活に具象化したというのである。彼女の体は見苦しく湾曲《わんきょく》し関節は曲ったまま動かなくなって、それは利己的につかんでいる自分の心の状態を現していた。このような状態でこの婦人は数年間苦しんだが、ユニティーによって真理を教えられ、そのつかみをはなして与える性格を回復したその時彼女の健康も回復したと書いているのである。

与えるということは他の人を愛するという心の現れである。多く愛するもの程多く与えるのである。与えること少なきものは利己主義者であって、他を愛していないのである。最初どんなに利己主義の人であっても、まず意志の力を用いて与えることを試みよ。すると与えられたる人の喜びが自分に反映してかえって来るのである。与える喜び、愛する喜びが体験されて来るのである。そして一度行ったことはやがて習慣性となり、与えることの喜びがくりかえされるようになれば、やがて受ける分量も多くなり、次第に人生に生き甲斐《がい》を覚えるようになるものである。

以上のべたる如《ごと》く「与える」といっても必ずしも形あるものでなければならぬことも、大いなるものを与えなければならぬことでもなく、一寸《ちょっと》した深切《しんせつ》、一寸した鼓舞《こぶ》激励《げきれい》、一寸した賞《ほ》め言葉、失意の時の慰《なぐさ》め、小さなプレゼントや愛の手紙、一個のキャンディーを子供に与えることでも、すべてそれらは神から与えられた無数の恵みを次におくることになるのである。こうした小さな深切な行いが隣人と自分とを本当の兄弟のように仲よくし、人間と人間との間に生活している喜びを感ぜしめることになるのである。イエスはその生活にその模範を示し給うたのである。「吾《われ》は人に仕《つか》えられんがために来たれるに非《あら》ず。人に仕えんが為に来たれるなり。」と彼はいっているのである。吾々は常にサービスの精神に生きなければならない。しみじみした同情の心、愛のまなざし、会って嬉《うれ》しいという表情、去り行く人の後《うしろ》から「あの人が幸福であれかし」と祝福の祈りを捧げる気持、これらは実に目立たない大いなるおくりものである。

仏教でも悟りに到る道として六波羅蜜《ろくはらみつ》ということがあげられる。その中に布施《ふせ》というのがあるが、これが即《すなわ》ち与えるということである。その布施の中《うち》にも「物施《ぶつせ》」といって物を与えるのと、「法施《ほうせ》」といって精神的な真理のおくりものを施《ほどこ》すのとがあるが、「物施」よりも「法施」の方が貴いとされているのである。だから物がなくとも精神的な与え物をすることはできるのである。精神的おくりものの中にも特に大切なものは真理を施すということである。真理を知れば、健康も、富も、喜びも、調和も、あらゆる善きものが得られるのである。だから諸君はまず何も与えるものがなくとも真理を伝えるようにすることが大いなる「与えもの」となるのである。

祝福する者は祝福せられる

去り行く人の後《うしろ》から、その人を祝福する思念を送ったからといって、何の役に立とうかと思う人があるかも知れない。然《しか》し、人を祝福する念波は決して消えてはしまわないのである。もし相手の人が悪意を抱《いだ》いている人であり、祝福の念波に波長の合う資格のない人であるならば、その祝福の念波は自分にかえって来るのである。自分自身は、最も自分の送った祝福の念波に波長が合うからである。そして結局祝福を受けるのは自分となるのである。世の中には「類は類を呼ぶ」という法則が行われているのである。水蒸気が蒸発する時には、目に見えないけれども、それはやがて類は類を以《もっ》てあつまり、雨となって降り、川となって流れ、大いなる海洋にそそがずにはいないのである。我々が土をとって空中にふりあげると、土は必ず大地にかえるのである。水は水にかえり、土は土にかえり、愛は愛を伴い、深切《しんせつ》は深切をよび、同じ種類のものが自分の周囲にあつまって来て自分自身を祝福せずにはいないのである。

最も尊いのは報《むく》い求めぬ愛

結果からいえば、与えれば必ず与えられるのであるが、与えられんことを欲して、人に与えても本当の喜びは得られないのである。もし報いを求めて人に与えるならば、それは本当に与えているのではなくして、ただ取引をしているだけである。「純粋に与えること」と「取引きすること」は全然別物なのである。取引きは商行為であって与えることではないのである。もし報いを求めて与えるならば、報いが与えられない時には腹が立ってくるであろう。かくの如《ごと》きは神の如き与え方ではないのである。神は善人にも悪人にも、太陽が善人にも悪人にも光を与え給うが如く平等に恵み給うているのである。吾々の与え方も神の如き与え方になってのみ本当に神の無尽蔵《むじんぞう》の与え方が現れて来るのである。余りに潔癖《けつぺき》に善人にのみ与えようなどと考えているものが大いに富むことができないのはその為である。大事業をなすものは善人にも悪人にも何らの報いなしに与える人であるのである。

普通、恩を仇《あだ》で返すような人には与えることは無駄であると考えられがちのものであるが、決してそうではないのである。吾々《われわれ》は神さまの恩に対して今迄どれほど恩返しをしないで与えられてばかり来た事であろう。それでも神は吾々に対して、恵みをとどめ給うことはないのである。ある真理の先輩は次のように云《い》っている。「神さまがあなたに与えることをやめるまで、あなたは与えることを続けねばならぬ」と。決して自分の恵みに対して報いを求めてはならぬのである。宇宙は一体であるからこちらが与えた相手から必ずしもその報いがかえって来なくとも、かえって来る入口は無数にあるのである。吾々は必ずしも肛門《こうもん》からだしたからとて、再び肛門から入《い》れなければならぬことはないのである。与えておれば、入る所は別の所から入るのである。融通無碍《ゆうずうむげ》、自給他足《じきゅうたそく》、他給自足《たきゅうじそく》である。

然《しか》しながら、吾々の与え方が余りにその度をすぎたり、智慧《ちえ》のない与え方をして、相手の人々に依頼心を起させるようであってはならないのである。「自分自ら立つ」ということは、神の子なる人間の人格の自由と尊厳との基礎である。もしこちらが与えすぎる事によって、相手が「自分自ら立つ」力を失ってしまうようなことになるならば、それは形の点では与えたことになるかも知れないが、その人から自主独立性という大いなる美徳を奪い去ってしまったことになるのである。かくの如き与え方は智慧ある与え方ではないのである。だから吾々は人に物を与えんとするには「神よ、これはあなたのものでございます。これをあなたの智慧によって正しく与える道を教え給え」と深く祈ってから与えなければならないのである。智慧なき恵みは却《かえ》って相手を傷つけることになるのである。

容《い》れ物を大きくして受けよ

神は無限の供給者であり、吾々《われわれ》が小さな盃《さかずき》をもって行けば、小さく与えられ、大きな盃をもって行けば、大きく与えられるのである。沢山の恵みが与えられていながらも、その恵みをしみじみと味《あじわ》い受け感謝しないものは、豊《ゆたか》なる大海から小さな盃で汲むものである。どんな小さく見える恵みでも大きく感謝するものは大いなる盃で汲むものである。かくて大いなる盃をもつものはやがて次第にますます大いなる恵みを受けることになるのである。

すべての恵みは神から来るのであってそれは人を通して来るのである。もし人から何かを与えられたなら、その人に感謝すると共にその恵みの本源にある神に感謝すべきである。神こそ本当の与え手であるからである。ある人は金《きん》一封《ぷう》を頂いた時に「神よこの驚くべき大いなる恵みに感謝します」と云《い》って、それからその相手に対して神さまの使者である人として深く感謝したということである。

神は決して報《むく》いを求め給うのではないのである。けれど恵みを受けた吾々としては、神にその得たる所の一部分を感謝の意を以《もっ》てささげかえすということが必要なのである。旧約聖書には神はその受けたる十分の一を神にかえせとおきてに定められているのである。必ずしも十分の一でなければならぬということはないのである。神は与え手であるから、神自身としては与えかえされる必要はないのである。けれどもそれは感謝の表現であるのである。多く感謝するものは大いなる盃を以て神の恵みを汲むものである。感謝を与えれば感謝すべきありがたきことがらが陸続《りくぞく》としてかえってくるのである。

人々に祝福を与えよ。深切《しんせつ》を与えよ。善意を与えよ。喜びを与えよ。微笑を与えよ。すべての善き心の波は相手に幸福を与えるのみならず、与える人自身に幸福を与えるのである。毎日一そう多く吾らは人に与えん事を決意しこれを実行せよ。

そして「吾は神からつかわされたる全人類への祝福の使者である」と念ぜよ。電車にのっている時にも汽車にのっている時にも自分の全身からこれらの人々を幸福にする所の愛の念波が自分の全身から放射されて今これらの人を幸福にしつつあるのである、と念ぜよ。常にこのような愛を与える気持で日常生活をおくればまず祝福されるのはあなた自身であるのである。

第十三章　恐怖心を除くには

恐怖が生理作用に及ぼす影響

世の中で最も不必要なものは恐怖心なのである。恐怖心は不信仰より来たる。恐怖心は人間を神よりひきはなして人間のとやかくの想《おも》いわずらいの世界にひきこむのである。我々が恐怖する時我々は神の子の位《くらい》から滑り落ちる。そしてアダムの子となるのである。楽園から追放せられ「汝《なんじ》は苦しみて食を得ん」と宣言せられる。恐怖は恐怖を呼び、雑音と噪音《そうおん》とに波長を合わしたラジオ・セットの如《ごと》くなるのである。

我々が恐怖心にとらわれる時、全身の生理作用は悉《ことごと》く病的方面に向かおうとするのである。全身の細胞の活力は失われ、血液の循環は不均等となり、正常なるホルモンの分泌《ぶんぴ》は衰え、病的なる内分泌が増加する。消化作用は停止し、脈搏《みゃくはく》は促進し、内臓の血液は手足の筋肉と皮膚とに集中し、血球の集中量を増加する。これらの生理現象は結局、恐怖すべき敵に対して肉体的に防御しようとするための準備的生理作用に匹敵《ひってき》するのである。かかる時我々がその筋肉に集中したエネルギーを放散するための、何かの格闘が行われるならば、それで生理作用は平衡《へいこう》に帰するのであるが、幸か不幸か近代の文明人はそういう格闘にそのエネルギーを消耗《しょうこう》することができないで、自分の内にそれを内攻《ないこう》せしめるのである。そこでその内攻したエネルギーのはけ場として肉体のどこかに盛り上がるぶつぶつや、頭や背中や腰などの痛みを生産せしめなければならないということになるのである。文化人にこの種の病気が多いのはそのためなのである。

元来恐怖心は信仰の欠乏から生ずるのであって、過去のことを思いわずらう持越苦労、未来のことを思いわずらう取越苦労及び現在の事に不満足なる感謝欠乏の心によって成りたっているのである。そしてその奥には、過去、現在、未来にわたって生ずる所の色々の現象は、何《いず》れも皆自分の心の影であって、自分の心でどうにでも変化し得《う》るという真理を知らないことが根本になっているのである。一切の現象が、肉体でも境遇でも皆自分の心でどうにでも変化し得《う》るものということがわかれば、誰でも恐怖する必要がないことがわかるのである。

恐怖心を無くする二つの条件

恐怖を征服するために第一必要なのは肉体及び、自分の環境に起る出来事は、悉《ことごと》く自分の想念の反映であるという心の法則を知ることである。第二には人間というものは肉体的存在ではなくして神の自己実現であり、それは金剛不壊《こんごうふえ》なる霊的実在であって、決して如何《いか》なる外物《がいぶつ》にも傷つけられることなきものであるということを信ずることである。病気や不幸が存在するという信念がただ健康と幸福のみが実在するという信念にまでおきかえられるならば、恐怖心の起りようがあり得ないのである。結局恐怖心は信念の欠乏だということができるのである。

真に完全なる健康と完全なる幸福とを確保する道は、吾々《われわれ》の心の世界からまず恐怖心を追放し、幸福と歓喜と健康と富と凡《あら》ゆるよきものの想念を心の中に確保することなのである。もしかかる善念のみを心の中に確保してどこまでも持続することができるならば、実相無限の神の宝庫は開かれて健康でも幸福でも富でも自由に豊かに現象界に流れ出ることができるようになるのである。

病気を超える為の精神統一法

もし病気があなたの肉体を苦しめているならば、その時、あなたは如何《いか》にすべきであるか。その苦しめているのは過去のあなたの想念であるから、その病気を心に思いつめている限りはその病気の想念は持続し、病気の現象も持続するのである。だから病苦の中に於《お》いて病苦を見ず、病気を想《おも》わざる心境に達しなければならないのである。換言《かんげん》すれば、病んでい乍《なが》ら病んでいない自分――神の子の自分――を見なければならないのである。どんなに肉体の外見が悪かろうと、その反対を我々は心に描《えが》かなければならないのである。

まず我《わ》が全身に神の生命流れ入《い》って全身光明燦然《さんぜん》と輝く神の生命そのものであると観《かん》ぜよ。どこにも病気もなく、欠陥もなく、苦痛もなく、精力の欠乏もなきことを心で観《み》よ、自己の中《うち》には神なる無限生命の泉が流れているのであると観ぜよ。その無限生命の流れが今、全身の内臓筋肉、血管神経等の全細胞を賦活《ふかつ》しつつあると観ぜよ。全身に流れるのは神の生命であり、歓喜の生命であると観ぜよ。全細胞が歓喜に満《み》たされ勇躍《ゆうやく》して活動しつつあるのであると観ぜよ。病気のことを思ってはならないのである。病気を治そうと思ってもならないのである。

治したいとか、逃れたいとか、排斥《はいせき》したいとか、思うものがあるということは結局恐れているということになるのである。だから病《やまい》に抗争してはならないのである。病に抗争するのは結局病の存在を信じて恐れているからである。存在を信ずるものは、それが存在するかの如《ごと》く現れて来ることが心の法則である。病気を消滅せんと欲するならば、病気を無視しなければならないのである。恐れながら無視しているのでは何にもならないのである。病気を非存在として全然無視しなければならないのである。この時に始めて恐怖心がなくなるのである。一体神さまが病気などを拵《こし》らえるであろうか。善なる神さまは病気を造らない。さすれば神はすべてのすべてであるから、病気などはどこにも存在の余地がないのである。病気が存在するかの如く見えるのは、ただの蜃気楼《しんきろう》の如き幻《まぼろし》にすぎないのであるから、神の無限の力が病気の存在を克服し得ない筈《はず》はないのである。神の生命が滔々《とうとう》として自分の中を流れているのに、どこに病気の存在の余地があろうぞ。

新しき人生観の樹立

我々は新しき人生観に生れ更《かわ》らなければならないのである。恐怖の人生観から安心の人生観に、悲哀の人生観から歓喜の人生観に、暗黒の人生観から光明の人生観に。かく生れ変ってこそ神の国を見ることができるのである。キリストが「汝《なんじ》ら新たに生れずんば神の国を見ることを得ず」といっているのである。真理に直面する時、その人は常に新たに生れるのである。ある詩人は「朝々が新しき始まりであり、毎日毎日世界は新たに造られる」と歌っているが、今日《こんにち》、今、心をくらりと一転する時、病気の世界が健康の世界になり、苦痛の世界が愉楽《ゆらく》の世界と化し、悲哀の世界が歓喜の世界と一変するのである。エマーソンは「毎日毎日がその年のもっともよき日であると汝の魂の上に記録せよ」とそのエッセイの一つにかいているのである。雲門和尚《うんもんおしょう》は「日々《にちにち》これ好日《こうじつ》」といっているのである。心がくらりと一転して光明に面する時世界が光明に変貌《へんぼう》するのである。あなたの心の中より悲哀の感情をなげすてよ。憎みの感情をなげすてよ。恐怖の感情をなげすてよ。

もしあなたが神想観《しんそうかん》によって、神の生命《いのち》があなたの全身に貫流して、どこにも病気の存在する余地がないという信念を確立し得《う》るならば、あなたの病気による恐怖心は必然的に消えてしまうより外《ほか》はないのである。「今自分は神と一体の意識の中に喜びに満たされ、光栄に満たされ何らの恐怖もなく生活するのである。我《われ》は神とは一体なるが故《ゆえ》に全能である。我は神の光栄ある健康を我《わ》が全身に印象するのである。神の健康なる生命は今滔々《とうとう》と全身に流れているのである。いま自分は健康と歓喜に満たされているのである。」――この様な思念は著しく病気に対する恐怖心をとりさり、その人の心を喜びにみたすのである。大体病人というものは「喜び」が少ないのであるから病気になっているのである。「喜び」の感情は、心臓の機能を活潑《かっぱつ》ならしめ、血液の循環を順調ならしめ、全身の細胞の活力を増大して病気の余地をなからしめるのである。だから恐怖の感情を放逐《ほうちく》して、その代りに歓喜の感情を招き入れるならば、その人は健康となる外はないのである。

問題は解決される為にある

もし我々が解決しなければならない難問題に直面した時には、その問題に対して平静な判断を下し得たならば半ば解決し得たといってもいいのである。それが問題である限りに於《お》いて、すでに解決が予想されているのである。解決のない問題はないのである。ただ解決を困難にするのは我々の恐怖心であって、恐怖心のために自分の心が混乱して解決の道を阻害《そがい》してしまうのである。我々の前に横たわるどんな問題でも、自分の心の中にある暗黒な観念感情程には強敵ではないのである。「汝《なんじ》の強敵は汝の中《うち》にある」のである、自己の中《うち》にあるのである。自己の中《うち》にある所の暗黒な想念を克服しさえするならば、その反映である所の病気や欠乏や悲哀は自《おのず》から姿を消してしまうのである。もし恐怖の感情が起るならば、心を廻転《かいてん》して神に対してふりむくための練習をするよき機会であると思って、外界を克服しようとあせる代りにまず心を神の方にふりむけよ。恐怖心に向ってかく言え。「サタンよ去れ。人は外界によって生きるに非《あら》ず。神の生命と愛と智慧《ちえ》とによって生かされているのである。我は断じて神の方へふりむくのである。」と。かく念じて暗黒なる恐怖の観念を一転し神の方にふりむくならば、神の完全なる智慧はあなたを導いていと安けき世界へ連れ出してくれるのである。

完全なる健康を得《う》るには

完全なる健康は人間の自然の状態であるのである。人間が自然のそのままの状態にかえれば人間の健康は自《おのず》から実現するのである。思念の力が病気を治すなどと思ってはならない。「病気はない」のであって、唯《ただ》それは、怒り、憎み、嫉妬《しっと》、心配、持越苦労、取越苦労、恐怖心などの反映にすぎないのである。真理の言葉を思念するのはそれらの誤れる感情を静めて、心を自然のままに戻すことになるのである。つまり、自分自身の心を説得して、それを自然のままに返らす所の思念である。心の状態が自然に帰れば、心の反映である所の肉体も自然そのまま健康になるのである。応急的な物質的治療も無駄ではないが、心を自然に戻しておかなければ原因治療にはならないのである。

神は生命《いのち》である。従って神の自己実現である所の人間は生命そのものなのである。

病気とは生命の欠乏である。死とは生命の欠乏である。生命は病むことなく死することなきものである。ただ生命のなき所に、光のなき所に、影の現るるが如《ごと》く、かりに現れているのが病《やまい》と死とにすぎないのである。だから諸君の生命は決して病にあうこともできなければ、死にあうこともできないのである。この真理が理解されるならば恐怖心は自から消滅するのである。

恐怖心が消滅すれば、恐怖心によって抑圧《よくあつ》されていた所の生理作用は解放され、順調な生理機能が営まれることになるのである。かくて全身のあらゆる器官、あらゆる細胞、あらゆる繊維は神の造り給いしそのままの調和ある姿に於《お》いて新生せしめられるのである。神の生命があなたの全身を貫き流れている限りに於いて、病気や不完全のあり得ようはないのである。これを信ずる時恐怖心は自から去るのである。

恐怖は苦痛を伴う感情である。多くの人生の苦痛は現実の痛さというものよりも結局恐怖心から起る苦痛が大部分を占めているのである。恐怖心がなくなれば、その大部分の苦痛はなくなり、その上恐怖心が肉体に反映して生じている所の肉体の生理的苦痛さえも消滅してしまうのである。

難局に面したとき「全智者」に振向け

もしあなたが人生の解決し難き難問題に直面して未来の恐怖におそわれるならば、自分でその問題を解決しようとする事なしにあなたの心を神の方へふり向けよ。神と直通せよ。神はあらゆる智慧《ちえ》をもっていられるのである。神は凡《あら》ゆる解決法をもっていられるのである。神に任《まか》せよ。その全托《ぜんたく》の心境になった時、ぽっかりとあなたの頭に解決の途《みち》が浮かぶか、誰かの深切《しんせつ》な導きが起ってくるのである。

恐怖心が起っている限り、恐怖は不信の感情の現れであるから、神の救いの波長が合わないのである。だから真の解決は平和な心境になって神に任せることによって得られるのである。神の子として、神の自己実現として神の完全さを表現しているのが人間であるから、人間が真にそのままの状態になる時、不幸も災難も病気も問題もあり得ようがないのである。恐怖心をすてよ。そのままになれ。「我れ神の子」と宣言せよ。「我れ神の自己実現なり」と宣言せよ。「神の名に於《お》いて我《われ》このことを実現す」と断々乎《だんだんこ》として自己の欲するものを強調せよ。

無限なる者より「生命の泉」を求めよ

もしあなたがただ善のみの存在を信じ、善のみが存在の力をもち、善以外のものは何ものをも自分に近づくことができないということを真に知り念ずるならば、たちどころに恐怖心は去るのである。恐怖心がなくなれば、そのままの姿が現れ、実相の完全さが実現する外《ほか》はないのである。

ただ残念なことは、もっとも神の必要な時に、恐怖の影にかくれて神を見失ってしまう人が多いということである。恐怖は扉の彼方《かなた》に神をかくしてしまい、希望を失わしめ、凡《あら》ゆる不幸と災《わざわい》の暗黒なる鬼共を創造せしめるのである。そしてヨブの云《い》ったように「我《わ》が恐れたるものすべて我《われ》におそいかかれり」という如《ごと》き苦難の状態を現出するのである。

どんな時にも我々は神の王座からすべりおりて恐怖心や心配にその王座をひきわたしてはならないのである。恐怖や心配はただ幻《まぼろし》の侏儒共《こびとども》であるから、我らが毅然《きぜん》として自己の王座を守るならば、何《いず》れもしばらくの中《うち》に退散してしまうのである。

神の永遠の生命の泉に常にあなたの活力の源泉を求めよ。神の無限の智慧《ちえ》の泉に常にあなたの生活の導きを求めよ。自己の中《うち》に神は宿っているのである。呼べば常にこたえたまう近い所に神はいたまうのである。「わが魂の底の底なる神よ、無限の力湧《わ》き出《い》でよ」この言葉を数回唱えることによって、試験場に於《お》いて恐怖心を克服して、忘れていた解答を想《おも》い出した学生もあるのである。その同じ言葉を数回唱えることによって、ある工場の工員は重大な発明を完成したこともあるのである。自分の中に無限の力が宿っているのである。神が宿っているのである。遠い所に求めることはいらないのである。自分の神性《しんせい》によびかけよ。「自己に宿るキリスト」によびかけよ。自己に宿る仏性《ぶつしょう》によびかけよ。肉体を見るな。実相を見よ。今ここに大いなる神の生命が流れているのである。神の力が流れているのである。凡ゆる智慧と方法とは与えられているのである。ただその事実に目覚める時一切の恐怖は克服されるのである。

第十四章　人生の不安を克服するには

不安と云《い》うものの本体

人生の不安は何時《いつ》の時代にも存在するところの人類の病気である。個人同士の葛藤《かっとう》も、家庭の争いも、国際間の紛争もそれで起るのである。若《も》し人生の不安を克服することが出来るならば、この地上には直《ただち》に平和の世界を現出することが出来るのである。

不安と云うものは大体、未来に起るところの不幸、損失、病気、不和などに関連して起るのであり、楽天的な人はあまり不安恐怖に苦しめられることはないのであるが、神経質で悲観的な性格をもっている人は、まだその不幸や病気がやって来ない先から、それらがやって来ることを予想し、それを心の世界にまるで実物がやって来たかの如《ごと》く描《えが》き出して苦しむのである。否《いな》、実物がやって来たらさほどでもないものを、実物がやって来た以上に誇大《こだい》してそれを感じて苦しむのである。

不安恐怖の起る契機

この不安又は恐怖と云《い》う病気は、中々陰険《いんけん》きわまりない奴《やつ》であって、小さな心の隙《すき》間《ま》から忍び入る。一寸《ちよつと》した家庭の摩擦、経済界の変動、侵略の噂《うわさ》、誰かがした中傷、新しい競争者の出現――そうした事が必然的に自分を不利の境地に陥《おとしい》れるかも知れぬと云う不安――それが病原体の胞子となって人間精神の全体に食《く》い入《い》って来るのである。

大抵《たいてい》、新しい計画には必ず不安を伴う。だから臆病者《おくびょうもの》は大いなる事業の計画者にはなることは出来ないのである。まだ見ぬ世界は、大抵の人には不安なのである。しかしまだ見ぬ世界に、幸福を描《えが》き、天国を描き、極楽浄土《ごくらくじょうど》を描き得《う》る人のみが、真に未来に大事業を成し得《う》る人なのである。

不安恐怖は心の問題である

不安を描《えが》き、恐怖をいだくのは主として、心の問題であって、事件そのもの、外界そのものの問題ではないのである。正しき信仰心のないこと、疑う心が不安恐怖の原因である。神の造り給いし此《こ》の世界には悪い事は何一つ起らないこと。悪く見えているることもそれは結局善いことの新芽であり、蕾《つぼみ》であること、この世の中には悪い人は一人として存在しないこと、悪く見えるのは、見る方のこちらの心が反映してそう見えるのだから、こちらの心さえ一転すれば屹度《きっと》善くなるにきまっていると云《い》う真理を知らないところから、不安恐怖の心が起って来るのである。

だから此の反対に、この世界には悪は決して存在しないと云うことを信じさえするならば恐怖不安はおのずから消え去ってしまうのである。だから結局、不安恐怖は信仰の欠乏から起って来ると云うことが出来るのである。真に正しき信仰を有《も》つようにすれば不安恐怖は自然に解消してしまうのである。

神を外に見ず、自分の内に神を見よ

神を信じても、不安恐怖の去らない人々もあるが、それは正しく神を信じないからである。神罰の神を信じたり、愛憎《あいぞう》の神を信じたり、嫉妬《しっと》や利害打算の神を信じたりして、愛深き、ただ愛のみあって神罰のない神を信じないからである。またそのような正しき愛の神を信じても、その神を、雲の彼方《かなた》の天国や、西方《さいほう》十万億土の彼方に求めたりしているから、現世《げんぜ》の危急に早速には間に合わぬ様な感じがして、不安恐怖におそわれることになるのである。

そこで不安恐怖をなくするには、正しき愛の神を信ずると共に、自己の内に神が宿っていると云《い》う真理を知らなければならぬのである。自分の内に神が宿っていたまうのだ、自分が神だと云う考えである。自己の内に神が宿っていて、その神が呼べば直《ただ》ちに答えたまうと云う正しい信仰になる迄は、人間の恐怖は根本的に去らないであろう。

近代の精神科学は、聖書の解釈を次第に近代の心理学説に近づけて往《い》ったのである。イエスが「神の国は汝《なんじ》の内に在り」と云ったり、「我れ往《ゆ》きて汝に来《きた》るなり」と云ったり、「先ず神の国を求めよ」と云った言葉を正しく解釈して、神の国を、そして「キリスト」なる神の子を、自己の内に再発見したのである。そしてキリストが「われを信ずる者はわれよりも大いなる業《わざ》をなさん」と云いたまいしところの其《そ》の「われ」とは、「われ行きて汝らに来《きた》るなり」と云われたところのキリスト――内在のキリストであって、自分の内に宿っているキリストを信ずることによって、イエスがイエス時代に成就《じょうじゅ》せしよりも尚《なお》大なる業《わざ》をなし得《う》ることを信じ、又成しつつあるのである。換言《かんげん》すれば、精神科学は、自己の内に、「無限の力」の潜在することを発見し、それを自覚せしめることによって、無限に偉大な業績を成し得《う》ることが出来るようになったのである。これは物質科学が原子の内にある無限のエネルギーを解放したのにも比すべき、人間の内にある無限のエネルギーの解放だと云わなければならないのである。

不安恐怖を起さないためには

不安恐怖の根元は何と云《い》っても、自分が相手（外界、境遇等のこともあれば、特定の人間のこともある）よりも力が弱くて、それによって打ち負かされたり、押し潰《つぶ》されたりするかも知れぬと云う予想に基づいているのである。それは或《あ》る意味では劣等感（Inferiority Complex）だと云うことが出来るのである。自己の内に「無限力が宿っている」又は「自己は常に敵の二倍の力をもっている」更《さら》に「自分の内なる神が如何《いか》なる時にも自分を護《まも》りたまう」と云う自信を持つことが出来れば当然それらの不安恐怖は消滅すべき性質のものなのである。

幸いなことには、近代の心理学は、現在意識の奥底には潜在意識と云う広い領域の意識が存在しており、この広い領域の心の中《うち》には、無限の力が宿っていると云うことを発見してくれたのである。この潜在意識は、過去のどんな小さな出来事でも覚えており、まだ経験しないことでも知っており、危急に対して如何に処置して好《よ》いかと云う神通自在《じんつうじざい》の力を有しているのである。しかし、潜在意識は「無限の力」を内に包蔵していながらも、与えられた役目を素直に遂行《すいこう》するだけであって、それ以上、積極的にみずから働きかけて何事でもするのではないのである。それは、無限のエネルギーであるけれども、吾々《われわれ》自身が、自覚せる心で、雛型《ひながた》を提供した通りの形の状態となって姿をあらわしてくれるのである。その人が若《も》し現在意識に「損失」の念を起して、それを潜在意識につたえるならば、その人の内部にあるところの潜在意識的エネルギーは、恐怖の感情を起して、エネルギーが現在意識的な実行力となって現れる場合に混乱した状態を惹《ひ》き起して、ついに現在意識が心に描《えが》いた通りの「損失」を現実化することになるのである。

たとえば此処《ここ》に或る豪商があって多数の商品を倉庫に所有しているとする。ところが時局の影響を受けて商品の価格が暴落しはじめたとする。するとその豪商が驚いて「損失」の観念を心（現在意識）に思い浮べる。するとその現在意識の「損失」の観念が、内在せる潜在意識面に落ち込んで行く。潜在意識は「損失」の観念を受けると反射的に「恐怖」の感情を惹き起してそれに対応するためのエネルギーを混乱した状態で内部から爆発さす。その内部の混乱した爆発力で其《そ》の人の行動が支配されるために、その人は周章狼狽《しゅうしょうろうばい》して、倉庫の中の商品を安い値段で叩《たた》き売る。その同じ時局的環境の中にいながら、或る人はそれを好機会として、恐慌《きょうこう》状態で投げられている商品を極《きわ》めて有利な条件で買いしめる。そして巨富《きょふ》を作りあげるのである。恐怖と云うものは潜在意識から発現したエネルギーの混乱した爆発であるから、理性的なものではない。従って事件に処して適当な判断をするものではない。しかし、「損失」や「敗北」や「病気」を現在意識が描いて潜在意識の鍵盤《けんばん》を叩く限りは、潜在意識の琴《ピアノ》線《せん》は「恐怖」の音調を奏《かな》でるほかはないのである。だから恐怖の感情を奏でないためには、現在意識が「損失」や「敗北」や「病気」を描かないようにすることが必要なのである。

真理は汝《なんじ》を自由ならしめん

そこで不安恐怖の感情を起さないためには、現在意識を、「損失」や「敗北」や「病気」を心に描《えが》かないように心の王国を支配することが必要なのである。それは、併《しか》し如何《いか》にして可能であろうか。イエスは其《そ》の可能を吾々《われわれ》に示して言う――「真理は爾《なんじ》を自由ならしめん」と真理を知ることが、一切の「損失」「敗北」「病気」から自由になるための必要な条件であるのである。

真理とは何であるか

然《しか》らば「真理とは何であるか」――ピラトはイエスに対《むか》って訊《き》いたのである。イエスは黙然《もくねん》として答えなかった。（ヨハネ伝第十八章三八節）しかしそれは説明を要しなかったのである。既《すで》にイエスは幾度も説明しているのである。それ以上に説明のしようがあろうか。その直前に聖書は斯《こ》う書いている。ピラト言う。「されば汝《なんじ》は王なるか。」

イエス答え給う。「われの王たることは汝の言えるごとし。我《われ》は之《これ》がために生れ、之がために世に来《きた》れり。即《すなわ》ち真理につきて証《あかし》せん為なり。凡《すべ》て真理に属する者は我《わ》が声をきく。」

そこでピラトの「真理とは何ぞや」と云《い》う質問になったのであるが、真理とは実相である。仮相《かそう》に属するところの「肉の眼」や「肉の耳」では見ることも聴《き》くことも出来ぬのである。だから肉の眼で見、肉の耳で聴こうとする人には説明することが出来ないのである。イエスがその時答えなかったのも無理がない。しかしその答は既にさきに成されていたのである。すなわち、イエスは、

「わが国はこの世のものならず、若《も》し我《わ》が国この世のものならば、我《わ》が僕《しもべ》ら我《われ》をユダヤ人《びと》に付《わた》さじと戦《たたか》いしならん。然《さ》れど我が国は此《こ》の世よりのものならず」（ヨハネ伝第

十八章三六節）と答えているのである。

真理とは人間が各々《おのおの》「王」であると云うことである。「王」とは絶対の支配力をもち、絶対の権威をもち、自主にして何物にも縛られることなき自由人であると云う実相である。実相の世界に於《お》いては、既に人間は自由であるから、仮相の世界（現象世界）に於いてその自由を獲得するために戦う必要もないのである。だから「若し我が国がこの世のものならば、我が僕《しもべ》ら我をユダヤ人《びと》に付《わた》さじと戦いしならん」と云われたのである。現象の相《すがた》が、どんなに縛られたように見えても、人間の実相は縛られていないのである。その縛られていない状態、解脱《ほとけ》た状態を「仏」と云うのである。人間の実相は「仏」であると云い、神の子であると云う――これが真理であるのである。肉眼で見てはわからないのである。だから、ヨハネ伝第三章に、イエスは「なんじら新たに生るべしと我が汝に言いしを怪しむな。風は己《おの》が好む所に吹く。汝その声を聞けども、何処《いずこ》より来《きた》り、何処へ往《ゆ》くかを知らず」とニコデモに云っているのであって、現象人《じん》としての自覚から実相人《じん》に生れかわるのは、何処より何処へ往くか眼には見えない風の在処《ありか》を知るよりも、尚《なお》見えがたい「実相としての人間」（霊的実在としての人間）を知らなければならないのである。これを知ったとき、すべての不安恐怖が一掃《いっそう》されるのであって、イエスと共に「我れすでに世に勝てり」（I have overcome the world.）と云うことが出来るのである。（ヨハネ伝第十六章三三節）と云うことは現象界に於いて、必ずしもあらゆる方面に於いて好都合になることではないのである。現象的に云うならば、最もイエスを愛していたペテロも鶏《にわとり》が暁《あかつき》を告ぐる前に三たび「イエスを知らず」と云ってイエスを離れ、イエスは敵のために捉えられて十字架につけられたのであるけれども、彼は依然《いぜん》として「王」であり、「勝利者」であったのである。だからイエスは云う。「視《み》よ、なんじら散らされて各自《おのおの》おのが処《ところ》にゆき、我をひとり遺《のこ》すとき到らん、否《いな》すでに到れり。然《さ》れど我れひとり居《い》るにあらず、父われと偕《とも》に在《いま》すなり。此等《これら》のことを汝らに語りたるは、汝ら我に在りて平安を得んが為なり」と。

ここに不安恐怖を去りて平安を得る根本原理が示されているのである。すなわちすべての人が離散《りさん》し行き、自分自身も磔《はりつ》けに処せられんとする時でさえも、実相に於いて「父われと偕に在す」と云う自覚あれば、其処《そこ》に平安つねにありて不安恐怖の起りようのないと云う原理が示されているのである。

（註）聖書を、実際生活に奇蹟的功徳《くどく》のあらわれるよう、本当の意味で読みたい方は、田中忠雄訳、T・トロワード著『聖書の神秘を開く』（日本教文社刊）を併読《へいどく》せられたい。

対症療法的な不安恐怖一掃《いっそう》法

以上は、人生の不安恐怖を一掃するための根本自覚であるけれども、なかなかその根本自覚に到達することは難しいのである。そこで対症療法的に不安恐怖を消滅する方法も考えて置く必要があるのである。物質化学に於《お》いても、酸に対してアルカリを投ずれば酸性がなくなると云《い》うような中和剤と云うものがある。それと同じく不安恐怖に対して何か中和剤と云うようなものはないであろうかと云うことである。不安恐怖の起る最も根本なるものは、「神われと偕《とも》に在《あ》り」との自覚の反対観念である。すなわち「自分は神に反《そむ》いている」「神から叱《しか》られている」「神から見放されている」「神から罰を受けるかも知れない」と云う類《たぐい》の観念である。この観念は、無神論者と思われている人々に於いてすらも「良心の咎《とが》め」として多少とも有《も》っているものである。そして良心が許さないような行為をしたとき、その「良心の咎め」が潜在意識のレコードに蓄積されていて、自己処罰しようとして待ち構えているのである。だから潜在意識の奥にあるおぼろげなる自覚から云うならば、それは、処刑の近づきつつある囚人のようなものである。従って常に何となき不安恐怖が心の世界に起って来るのは当然であるのである。その潜在的な不安恐怖が原因で多くの肉体的な病気が起っていることも事実である。このような場合には、自己暗示的に「神わがすべての罪を免《ゆる》したまいて、我《わ》れを愛の御手《みて》をもって抱《いだ》き給う。われは既《すで》に癒やされてあり」と眠りしなに寝床に仰臥《ぎょうが》したまま、自分の両手を神の御手《みて》であると観じ、その両手で自分の胸を掻《か》い抱《いだ》くようにして、神の慈手《みて》に抱《いだ》かれている思いを起しながら、右の言葉を繰返し念じながら眠ってしまうのが好《よ》いのである。

憎んでいる人を赦《ゆる》せば不安恐怖がなくなる

吾々《われわれ》が誰かに対して敵意をいだき、又は憎んでいる場合には、時として吾々は不安恐怖に襲われるのである。敵を心に描《えが》くことは、いつかは来《きた》る復讐《ふくしゅう》を心に描くことであるから、不安恐怖に襲われるのも無理はないのである。だから斯《こ》う云《い》う場合には、心の中で敵と和解する言葉を瞑想の中で繰返すことが必要なのである。例えば眼を瞑《つぶ》って、眼瞼《まぶた》の裏にその人の顔を思い浮べて、その人の名前を数回となえ、その人を呼出す気持になり、さてその人に語るような気持で「××さん。私はあなたを赦しました。あなたも私を赦しました。私はあなたを愛しています。あなたも私を愛しています。私はあなたに感謝しています。あなたも私に感謝しています。両人《ふたり》の間は何一つ不調和も憎む心もございません。ただ赦しと愛と、感謝があるのみでございます。ありがとうございます。ありがとうございます。」と云う意味の言葉を繰返し繰返し念じながら、本当に切実に赦しと愛と感謝の念を起す行事を毎日二十分間ずつ位《ぐらい》持続して行うが好《よ》いのである。

聖句朗読による不安恐怖の克服法

以上のような瞑想法のほかに、更《さら》に有効なのは、最も美しいリズミカルに書いた自信を強める聖句を、毎日朝一回と、就寝時《じ》に一回と、朗々と朗読することである。それをみずから朗読しながら、天使の啓示の如《ごと》き気持でそれに傾聴《けいちょう》するのである。あまり長い聖句は朗読にくたびれるし、途中で飽きてうんざりすると効果がなくなってしまうから、適当な長さの、自覚を高める真理を書いた一節が好《よ》いのである。それには、『日々読誦《にちにちとくじゅ》三十章経《しょうきょう》』の如き、一カ月を三十日に区分して、毎日、朗読する珠玉《しゅぎょく》の言葉を録《しる》してあるものを利用するのは大いに役に立つのである。これは毎朝神仏《しんぶつ》の前で礼拝《らいはい》後、家長が朗読し、家族は眼を瞑《つぶ》って精神を鎮《しず》めながら、その朗読される文句を心のうちで復誦《ふくしょう》するような気持で傾聴すれば、最も善き真理の言葉の暗示となるのである。病気に罹《かか》っていて不安恐怖のある人たちは、『続々甘露《かんろ》の法雨《ほうう》』を看護の人に朗読して貰《もら》って、病人自身は眼を瞑って素直な気持で傾聴すれば恐怖不安を鎮める偉大な暗示となるのである。

最も有効なる不安恐怖の心的習慣から離脱する方法は、自己の欲する又は養成したい善き性質を表現する一定の積極的な文句を紙に書いてそれを貼出《はりだ》して置き、それを機会ある毎《ごと》にそれを見て、その文句の通りの状態であるように思念を繰返すが好いのである。その方法に適するように製作せられたのが「日めくり暦」の形をした『光明生活の日訓』である。これは毎日その日の日附《ひづけ》のところを出して貼出して置き、一日十数回ながめて、その言葉の通りに念じて自己が神に護《まも》られている実相を心に印象して、不安恐怖の中和剤とするのである。

ハードマン博士《はくし》の示した不安恐怖の克服法

言葉に力があると云《い》うのは、単に護符《おまもり》のようにそれを携帯するだけで、又は呪文《じゅもん》のように早く意味もわからずに唱えるだけで効果があると云うのではないのである。言葉が一定の想念感情を喚《よ》び起すところに意義があるのである。ハードマン博士が不安恐怖を克服するために範例として示したところの思念の言葉は次のようなものである。

「吾《わ》が霊の内には神の平和が宿っているのである。何物もわが存在の明朗さを掻《か》き乱すものはないのである。吾が魂の内部にある美しき湖は神に護《まも》られて平和に確保され、そこに永遠の父なる神の栄光が反映しているのである。我《わ》れは平和である。神の平和がわが魂の中《うち》にあるのである。わが魂を擾《か》き乱したところの一切のものは永久に去ってしまったのである。われはわが生命そのものである神と一体である。われは今、此処《ここ》にありて力と勇気とを復活したのである。われは内部の荘厳《そうごん》なる平和をもって生活と仕事とに立向《たちむか》うのである。われは神と一体なるが故《ゆえ》に、何物もわが魂の平安を擾き乱すことは出来ないのである。」

以上は単に一つの範例に過ぎないが、この通りに思念しても好《よ》いし、この範例に準じてもっと一層自分の心境にピッタリする言葉を念じても差支《さしつか》えないのである。要するに、念ずる言葉の通りの光景を眼の裏に描いて、それを強く瞑視《めいし》し、言葉の与える印象を深々と潜在意識にとり入れて、本当に「平和」そのものの感情を喚び起すように努めれば好いのである。

第十五章　心の平和が肉体に及ぼす力

睡眠中に働く治癒《ちゆ》作用

潜在意識は普通記憶の蓄積盤として、過去の心象を貯蔵したり、或《あ》る時には、予言能力を発揮したり、或《ある》いは吾々《われわれ》を導いてある不幸や幸運に導いたり、失錯《しっさく》動作をなさしめたりする目に見えない導き役をするのである。又時として、潜在意識は病気を起したりすることもあるが、潜在意識のもう一つの貴重な機能は苦痛を抑止《よくし》するその能力である。無論《むろん》この場合の潜在意識は広義に於《お》けるそれであって眠っている間にも呼吸作用や血液循環作用を司《つかさど》っている無意識の力である。現在意識が眠ってくるに従って、潜在意識の領域がふえて来ると云《い》う意味での潜在意識である。この潜在意識に吾々の苦痛を委《ゆだ》ねる場合、それは不思議に苦痛を癒《いや》す力をもっているのである。如《い》何《か》なる病者も眠りが近づくにつれて苦痛は減少し、深い眠りに於いては苦痛は通例終《しゅう》熄《そく》する。ウースター博士《はくし》は云う。

「震顫麻痺《しんせんまひ》の重苦しい顫動《せんどう》でさえも睡眠中は止る。動物はこれを本能的に知っていて、傷害を受けると野獣は遠隔の孤立した場所に退《しりぞ》いて眠り、そして眠っている間に彼等は癒される。見た処《ところ》、動物は苦痛を抑止するための、吾々に知られていない他の手段を有しているようである。戦場で又は事故で重傷を負うた馬が安んじて草を食《は》み、或《あるい》は闘鶏《とうけい》が激烈な闘争の後《のち》に牝鶏《めんどり》と一緒に気取った様子で歩き廻り、鬨《とき》の声をあげ、羽ばたきをし、そして少しも困憊《こんぱい》の兆候を見せない様な光景を目撃するのは稀《まれ》ではない。」ウースター博士は、かかる苦痛除去を潜在意識の機能に帰しているのである。震顫麻痺と云うのは、全身が常に感電したように微動している病気であるが、私はこれを数分間のうちに治癒せしめた経験があるが、これは常に間断《かんだん》なく憤《いきどお》りの念を潜在意識の中に蓄積していたのが形にあらわれて来ているのであって、それを赦《ゆる》す心境に導いた瞬間に治ったのである。即《すなわ》ち震顫麻痺は潜在意識に蓄積されたる抑圧感情が既《すで》に飽和点以上に達して、少しずつでも、具象化してあらわれずにはおれない程度にそれが過剰《かじよう》蓄積された結果である。だからそれを治癒せしめる作用は、その抑圧感情の圧力を弛緩《しかん》するように赦すことをすれば好《よ》いのである。睡眠に於いて、それが一時停止し、闘鶏が興奮によって重傷の苦痛を忘れるのは、我《われ》を忘れたときに起る大生命への没入又は興奮による注意力の撤収《てつしゆう》によって、或は喜悦《きえつ》によって、苦痛の感じが一時反対方向に向けられるのであって、治す働きは潜在意識と云うよりは、自我放棄から来る大生命への帰一《きいつ》によるとしなければならないのである。若《も》し、潜在意識を広義に解釈して「大生命の意識」とすれば、潜在意識が癒したと云っても好いのである。私の実例に於ける「赦しによる震顫麻痺の即治《そくち》」の如《ごと》きは、かかる解釈を下すより仕方がないのである。

ウースター博士は氏が共同運動をしていた補助牧師の一人が大戦に士官として服務し三度負傷した実例を挙《あ》げている。この補助牧師は一度は榴霰弾《りゅうさんだん》の破片で手が裂《さ》けた。二度目は機関銃の弾《たま》が胴体を貫き、更《さら》に次にはドイツ兵の銃剣かサーベルかで横ざまに顔を突くか切るかせられた。後に彼が博士に語った所によれば、彼はその当時も後も殆《ほと》んど苦痛を感じなかった。ただ弾丸が胴体を貫いた時に誰かが自分を一蹴《け》り蹴ったような感じを受けただけだと云う。これは果して潜在意識の「苦痛抑止作用」であろうか。それよりも寧《むし》ろ大生命の「或る程度以上の苦痛を軽減せんとする慈悲ある働き」ではないだろうか。

潜在意識は重症の骨折をも癒《いや》す

数年前《ぜん》ウースター博士はマサチュセッツ全科病院に寝ている一人の競馬騎手を訪ねるように頼まれた。この男はまた彼のクラスに於《お》ける西洋相撲《レスリング》の選手権保持者であって彼の体軀《たいく》は鋼鉄とインド護謨《ゴム》とで出来ているように頑強に見えた。彼の雇い主は競走用及び跳躍用の馬を仕込んだり売買したりする競馬師であった。これ等の馬の中に非常に癖が悪く危険で実用にならない一頭のアイルランド産跳躍馬が或町《あるまち》の近くにいた。そしてその持主はそれを射殺する代りに南部の一競馬師に売り込もうと試みていた。それは冬のことで地面は堅かった。騎手は語った。

「私はこの馬を私達の私用競馬場で御覧に入れるように言いつけられました。私は以前この馬に乗ったことがありますので、今度も乗せて呉《く》れるだろうと思いました。所が右足を鐙《あぶみ》に入れる前に馬は空中に伸び上り後脚《あとあし》で殆《ほと》んど真直ぐ垂直に立ち上りました。私は少しもそれを気にかけませんでした。百頭もの馬が同じことを私に仕掛けたものです。己れを重んずる馬ならまた元に戻るでしょう。だがこの馬は私を振り落そうと思ったんじゃないんです。私を殺そうと思ったんです。それでこやつはいきなりぱっと自分で後ろに倒れ、その胴体と地面の間に私を押えつけてしまったんです。」

こうして若者の恥骨《ちこつ》は砕《さ》け、薦骨《せんこつ》と腸骨の接《つ》ぎ目は脱臼《だっきゅう》した。若《も》し彼の驚くべき肉体的条件がなかったら彼は多分殺されたであろう。ウースター博士が彼に会った時彼は石膏《せっこう》の鋳型《いがた》にはめ込まれ呻《うめ》きながら、蹂《ふ》みつけられたみみずのようにかすかに身悶《みもだ》えしていた。ウースター博士は彼のためにその苦痛の癒えるよう思念を頼まれて病院へ訪問したのである。博士がこの物語を彼に語《かたら》せたのは彼の心をそらす為でもあった。

彼が語り終わった時、博士はこう言った。

「私がこの物語を信ずるのは君が馬のことをよく知っていると思うからだ。私は君のように苦しんでいる少年をどうしたら救えるかと云《い》うことをよく知っている。だから私は君を救うことが出来るのだ。若し君が私にそうさせるだけの充分な信仰を有《も》つならばだ。」

「先生、私はカトリック教信者です、私は凡《およ》そこの世に有《あ》る限りの信仰を有《も》っています。」

ウースター博士は彼の背後に立ちその両手を彼の頭の両側に置き弛緩《しかん》と、睡眠と、及び苦痛終熄《しゅうそく》の鎮静的暗示を彼に与えた。博士は祈りと暗示と思念との交《まじわ》った治療法を行っていたのである。

時々博士は尋ねた。「苦しいかね。痛みを感じるかね。」

それに対して彼は囁《ささや》いた。「ほんの少し、余りひどくはないです。」

「もっと深く感応《かんのう》する。もっと深く。痛みは少くなる。痛みは消え去る。すっかり消え去る。痛みは退散する。そら、今それは去りつつある。」こう云って、やがて、「痛みを感じるかね。」と訊《き》く。

「いいえ。」

「もうすっかり楽になったかね。」

「ええ。」

「宜《よろ》しい、さあよく眠れるよ、そして今度目が覚めた時は少しも痛まないだろう。」

二、三日後博士が彼に会った時には、博士の為《な》すべきことは殆んど何もないほどに癒やされていた。およそ六、七カ月経った後《のち》に、若者は教会にウースター博士を訪ねて来た。見た所負傷しない前と同様に達者で、彼の言うところによれば彼は博士の第一回の訪問後殆んど苦しまなかったと云うことであった。

博士の部屋を立ち去る前にその若者は言った。

「先生、何か先生のお役に立つことが私に出来るでしょうか。」

「君に出来る事を私に見せて呉《く》れ給え。」とウ博士は答えた。

一、二歩後《あと》へさがって彼は軽々と博士の大机を跳び越えた。次に両手で逆立ちして脚を固く空中に保ったまま部屋の中をぐるぐると歩き廻《まわ》った。そして言った。

「私は前と同じ体になったと思っています。」

腕を切断しても痛まない実例

苦痛抑止《よくし》の第三の実例としてウ博士《はくし》の挙《あ》げているものは頗《すこぶ》る際立った実例であり、それは記録しておく価値があり、またそれは心理学者と生理学者の両方に対して極めて興味ある問題を提供するのである。それは、約三年前のこと、人を引きつけるような容姿風丰《ふうぼう》の一人の青年が時々附近《ふきん》の湖や森を巡回し始めた。彼はここの狩猟監守補であった。彼の右腕は肩から三、四吋《インチ》の処《ところ》で切断されていたが、彼は左の腕と手でボートを漕いだり軽いライフル銃や斧《おの》を使ったりして右腕の損失を巧みに補っているのであった。或日《あるひ》ウースター博士が自分の桟橋で鯈《はえ》を釣っている間に彼は小さなボートを漕ぎ寄せて来て博士の側に坐った。暫《しばら》く経ってから彼は悲しげに言った。「去年の通りだったらなあと思いますよ。」

博士はそれまで彼の此《こ》の不幸を気にかけて観察した事がなかったのであるが、これを機会に彼に尋ねた。

「君のその不幸に就《つ》いて君は私に話したいのですか。」

すると彼は次の物語を博士に語ったのである。彼の実話は余り長過ぎまた枝葉《えだは》に渉《わた》り過ぎているのでここに博士の記述している通りにそれを複写するわけには行かないが本筋は次の通りである。――

前年の事、彼は彼の父と共に遠くの農場で小麦を打穀《だこく》していた。打穀装置は旧式の、よくある型のもので、小さな内燃機関が三十乃至《ないし》三十五呎《フイート》向うに据《す》えられた打轂機に調帯《ベルト》で繋《つな》がれていた。普通のように、一種の大《だい》はずみ車の用をなす大きな重い金属の鼓形輪《ドラム》によって機関の衝撃が安定にされていた。父は機関を操縦して居《お》り彼は漏斗函《ホッパー》に轂粒《こくりゅう》を搬入していた。この種の粗末な装置でよく起るようにベルトが機械の動力輪からはずれ始めたので彼はそれを右手で元に戻そうと試みた。その時ベルトが彼の腕を捉《とら》えて迅速《じんそく》に回転しているドラムに向ってそれを押し付けた。ドラムはほぼ半吋《インチ》の余隙《よげき》を有《も》っていた。彼の言《げん》によれば即座に、何事が起るであろうかと云《い》うことを、ドラムが回転を止《や》める前に、彼の手は、手頸《てくび》は、そして腕は、パルプみたいに擂《す》りつぶされなければならないと云うことを悟った。碾《ひ》き潰《つぶ》しが始まる前のこの瞬間、彼の面前に神が現れた。そして彼は言った。

「神よ、御意《みこころ》のままになし給え。最善と思われることを為《な》し給え。あなたにこの身を捧げます。」

彼は大声で父に機関を止めて呉《く》れと叫びながら、彼は完全に意識してこの自分の腕が粉砕されると云う身の毛もよだつような成行きを看戍《みまも》っていた。そして不幸にも、ドラムが回転を止《や》めるまでには数分間が経過した。彼は彼の指が、手が、手頸が、腕が血まみれのパルプと化するのを看成った、そして尚も言い続けた。

「神よ、御意のままに為し給え。」

終《つい》に、彼の腕が肩の近くまで擂《す》り潰された時ドラムは静止した。そして彼は、尚完全に明瞭な意識を以《もっ》て、そこから離れることが出来、よろめき去ることが出来た。

農夫達は彼にウイスキー一杯を与えた（彼は生れて始めてウイスキーを飲んだ）、そして出血によって死ぬことを防ぐために彼らの考案し得《う》る最善の止血器を作った。彼等は一台の自動車を有っていたので悪路を十五哩《マイル》飛ばして一番近い病院へ彼を運んだ。この疾駆《しっく》の間時々血が車の屋根まで迸《ほとばし》ったが彼は自然な態度で愉快そうに話し続けた。病院の外科医が看護婦に彼の衣服を脱がせるよう命じた時、看護婦は彼の腕の残りを一目見て気絶して床に倒れて了《しま》った。

以上の経験に於ける驚くべき事実はこれ等の時間中ずっと彼は少しの苦痛をも感じなかった事であって、ウ博士は、「彼はそれを彼の見神《けんしん》の所為《しわざ》であるとした。それどころか彼は陽気で、不屈で且《か》つ諦観《ていかん》的であった。」と云っている。これは明《あきら》かに神への完全なる全托《ぜんたく》から来る神の苦痛解除作用だと思われるのである。併《しか》し神への全托でなくとも余りに大きな負傷は却《かえ》って苦痛が感じられない事実が沢山あるのである。嘗《かつ》てデヴィッド・リヴィングストンは非常に興味ある事柄として彼が獅子《しし》によりひどい目に会わされた時何等《なんら》の苦痛をも意識しなかったことを報告している。これは、野獣との格闘に伴うような一所懸命の興奮によって心が苦痛の方へ振向く余裕がなかったのが苦痛不感の原因であって、別に潜在意識の働きだとは考えられないのである。むしろ現在意識の興味が遙《はる》かに多く野獣との格闘に集中せられたので、潜在意識の苦痛さえも自覚出来なかったと解釈すべきであろう。

生理学者はかかる場合の苦痛の欠如を説明して、「神経への衝撃が余りに圧倒的であった為に、残存神経の末端が幾らか回復するまでそれは災害を脳髄に報告することが出来なかったのである」と言うのである。併しこの解釈は次の事を説明し得ないのである。即ちこのドラムで腕を砕かれた少年は怪我をした時にもそれ以後の如何なる時にもこの少年は全然苦痛を経験しなかったのである。即ち残存神経の末端が回復してから後《のち》も全然苦痛を感じなかったのである。負傷後八、九日経って、安らかな楽しそうな彼を見ながら、深切《しんせつ》な外科医は彼に言った。

「ねえ君、吾々《われわれ》は君がスパルタ人であったり或《あるい》はキリスト教殉難者《じゅんなんしゃ》であったりすることを期待しているわけじゃないんだ。痛ければわめき、叫び、呪《のろ》い、罵《ののし》り給え。吾々はそれを一寸《ちょっと》も咎《とが》めやしない。」

「なぜ私が呪ったり罵ったりしなきゃならないんですか。」と少年は答えた。「私はキリスト教徒です。」

「キリスト教徒であろうとなかろうと兎《と》に角、」と医者は言った。

「君は現に地獄の苦しみを嘗《な》めているんじゃないか。」

「先生、私はもう一度申します。私は少しも痛みを感じませんし最初から痛まなかったのです。私があなたに言えることはこれだけです。」

これは当然、病院の医員達及び他のニューブランスウィックの医者達の好奇心を刺戟《しげき》したが併し成程とうなずかせるような説明は一つも提出されなかったそうである。

潜在意識の予知作用

この物語はこれだけで充分奇妙なのであるが、更《さら》に一層この物語を奇妙ならしめるのはこの不幸な出来事の起った前の晩、少年はありありと、苦しい血の夢を見たと云《い》うのである。批評家はこれを、「そんな馬鹿なことがあるものか」と云うかも知れぬけれども、ウ博士《はくし》はこの事実を「真理と科学との為にこれを敢《あえ》て書いて置かなければならぬ」と云っているのである。兎《と》も角、この少年の潜在意識は、夢の中で彼が今後受くべき運命を知らせて置き、その心の準備をあらかじめ用意せしめて置いたものだと思われるのである。私の知人で水車の革車《かわぐるま》に右腕を肱《ひじ》から脱《ぬ》きとられたように千切《ちぎ》りとられた瞬間に「有りがとうございます」と感謝の念を起したら何ら苦痛を感じなかった宮崎市の中根《なかね》秋茂《あきしげ》氏と云う人もある。又、満員のバスに轢《ひ》かれて骨盤の骨を砕《くだ》き去られたが、施術《せじゅつ》の前も後も一回も苦痛を感じないで一カ月で癒えてしまった飯田と云う白鳩会《しろはとかい》のおばあさんもあった。飯田さんもやっぱり負傷と同時に「有りがとうございます」と始終心にとなえていたと云うのである。これはやはり神への全托《ぜんたく》の感情が、神の愛による苦痛除去の功徳《くどく》を受けたものだと解釈せられるのである。負傷のみならず、どんな形の疾病《しっぺい》と闘う場合にも其《そ》の苦痛を感ずる程度は患者の道徳的又は宗教的精神傾向が重大な関係を有するのである。

宗教的信念と結核

以上のことは、長年月《ちょう》に亙《わた》りジョセフ・H・プラット博士《はくし》の下《もと》で貧困の結核患者に対しウ博士等が指導した成績によってはっきり証明せられている。ウースター博士がエマニュエル運動として認められた精神療法を企てた当初は、博士自身も認めているように健康を恢復《かいふく》した貧しい結核患者は比較的少数であって、大部分は死んだ。やがて博士たちは最も貧しい結核患者を大都市の貧民窟《くつ》及び棟割長屋《むねわりながや》に於《お》いて疾病《しっぺい》が永久的に停止する程度に治療する事に成功するかどうかを確めようと試みた。その結果、十八年の間、エマニュエル運動の治療成績は最も恵まれた療養所《サナトリウム》と同じ位《くらい》の成績をあげた。それでこの事実に動かされたマサチュセッツ州当局が、此《こ》の治療事業を引き継いだのである。州の管理になった此の治療所の物質的設備は勿論《もちろん》、ウ博士のより遥《はる》かに良かったのであるが、それは物質的設備のみでウ博士たちがその患者にどうにか吹き込むことに成功していた宗教的信念、勇気と素直さ及び心の明るさを喚起《かんき》することが出来なかったのでウ博士の挙《あ》げ得たほどの成績には及ばなかったとウ博士は自分で書いている。兎《と》も角、宗教的信念が、負傷や病気の苦しみを除去するのみならず、多少ともその治療成績に好影響を与えることは事実である。

結核の如《ごと》く患者の心が概《がい》して希望を失い悲観的であるような疾病に就《つ》いて、これが真《まこと》であるとすれば多くの他《ほか》の疾病に於いては尚更真《なおさらまこと》である。人々は今日所謂《こんにちいわゆる》ホルモンの分泌《ぶんぴ》が吾々《われわれ》の精神状態に及ぼす効果の発見によって大きな興味をもっているが、疑いもなく吾々の精神的道徳的状況は吾々の食慾《しょくよく》、仕事の能力及び睡眠に影響するのと同様これ等の腺《せん》の作用に影響を及ぼすものである。その一つの実例を次に掲《あ》げる。

痙攣《けいれん》性嘔吐《せいおうと》と催眠《さいみん》暗示

或《あ》る年ウ博士《はくし》は、一人の外科医に、複乳嘴突起《ふくにゅうしとつき》の手術後一週間の間痙攣性嘔吐に悩んでいる十二、三歳の少女を見舞うためにボストンの眼耳科《がんじか》病院に行くことを求められた。院長の語るところではその子供の胃袋は少しも栄養を受附《うけつ》けず、彼女は長く続いた痙攣状態のために完全に弱り果てて居《お》り、若《も》し次の数時間の間睡眠を取り、食物《しょくもつ》を胃に保つことが出来なかったならば、彼女は死ぬだろうと思われると云《い》うのであった。

部屋に入った時博士は悲しい光景を見たと書いている。骸骨《がいこつ》のように痩《や》せ衰え弓のように体を反《そ》らした一人の小さな少女が尚しきりに嘔気《はきけ》を催《もよお》していた。母親が泣きながら一方の腕を抱え看護婦がもう一方を押えていた。博士は婦人達に部屋の他端《たたん》へ退《しりぞ》くことを乞《こ》い、子供の傍《そば》に腰かけて、「お嬢さん、熊が冬どのようにして彼等の隠れ穴を作るかと云う物語を話して上げましょう。そしてそれを話している間にあなたは眠って了《しま》うでしょう。」と言った。博士は何度も繰返し繰返し態がどんな風にして次第次第に眠くなって行くかを話してから、「そしてあなたも眠いでしょう」と繰返し話を続けた。これは巧みな催眠の暗示であった。約五分の後《のち》この暗示は効果を表し始めた。小さな少女はその痩せ衰えた体を弛《ゆる》め深い眠りに陥《おちい》った。それから博士は彼女に、彼女は約三時間眠るであろう、そして彼女が目覚めた時彼女の胃は完全に平静であるだろう、そして彼女は空腹を感じ母親に食物を求めるだろう、そして母親は彼女が望むものを何でも呉《く》れるであろう、と云う暗示を与えた。博士は立ち去る前に母親及び看護婦に、子供が自然に覚めるまでは彼女を起さないこと、それから子供の欲するものは何でも与えるべきこと、そして彼女の容態《ようだい》も博士の就寝前《ぜん》に知らせて欲しいことなどを指図した。その夜《よ》の十時頃、母親が電話で博士に知らせた所によると、彼女の娘は三時間眠り、目覚めるや「母さん、おなかの気持ちがいいわよ。何か食べるものが欲しいわ、」と言った。そこで看護婦が、一杯の牛乳と一包《つつみ》のソーダビスケットを与えた。それを食べ終って子供は「もっと欲しい」と言った。そして彼女は与えられたお代りを平らげて仕舞《しま》った。続いて彼女は「ジンジャーエールを一本頂戴《ちょうだい》」と言った。これはどうも乱暴ではあるまいかと母親は気を使ったが、博士が何を求めても素直に与えるように云って置いたので、懸念《けねん》しながらそれを与えた。別に悪い反応はなく、それ以来、その子供は癒《いや》されたと云うのである。これは少女の神経が過敏になっていたのを、博士の暗示によって、心が平和になり、睡眠の苦痛抑止作用と、大生命の癒能《ゆのう》が平和の心境に感応《かんのう》して働き易くなった結果であって、暗示の方から云うと潜在意識の働きであるが、心の平和が癒能を増進した方から云うと、大生命の癒す力が感応したと云い得《う》るのである。

第十六章　日常生活に応用する精神統一法

先ず神と融合せんと決意せよ

潜在意識の底を深く掘り下げて行くとき宇宙意識に達し、更《さら》にそれを掘りさげて行くとき超越意識（super consciousness）に達する。この超越意識を吾々《われわれ》は「神」と称するのである。

吾々が神と接触して神から無限の力を引きだしてくるためには是非《ぜひ》とも神の霊波に

対して波長を合わせた状態に自分の精神を置く事が必要なのである。そのための第一の条件は吾々はまず決意を要すると云《い》うことである。「吾《われ》神と合一《ごういつ》せんと欲する」という一大決意をおこすことによって、まずその日常生活を整理しなければならないのである。「吾神と合一せんことを欲する」という場合の「吾」は自己の主体であって、「欲する」という意志は「吾」の駆使《くし》する所の道具である。吾は意志の道具を使って日常生活を、神ともっとも完全に合一し得《う》る様な生活にまで自分の生活を整えなければならないのである。吾々は神と合一するための精神統一法を「神想観《しんそうかん》」と称しているのであるが、その神想観を実修するために毎朝三十分間、毎夜三十分間の時間を生みだすということは、実に何でもない容易《たやす》い事のように思われるのであるが、実際に日常生活の雑務に忙がしくしてその時間を生み出し得ない人々が随分沢山あるのである。斯《か》くの如《ごと》きは日常生活の整理が完全に行われていないからである。真に意を決して神への合一の時間を見出さんと欲するならば、三十分や一時間の時間が見出せないということはないのである。吾々は神想観の時間を得《う》るために日常生活に於《お》ける如何《いか》なる務めも犠牲に供してはならないのである。むしろ吾々の心が神に一致し、神と同波長となり、神の智慧《ちえ》によって導かれるようになる時には、日常生活の義務及び勤労が尚一そう完全に行われるようになり、そうして神への合一の時間が容易に得られるようになるべきである。吾々はまず神想観をするために今まで朝起きていた時間よりも三十分早くおきることを勧めるのである。そして起床時すぐそのまま寝床の上で神想観することをすすめるのである。吾々は目が覚めてからも少時間は未《ま》だ現在意識の合理的批判精神が充分目覚めていないために、そして潜在意識が意識の大部分に於いて表面活動をなしている故《ゆえ》に、その時に思念したる所の言葉は、合理的科学精神の批判なしに、潜在意識に印象せられるのである。たとえば、現在意識精神に於いては、神という言葉でさえも、その科学的批判力によって「神とは何ぞや」と反問して排斥《はいせき》してしまうのであるけれども、現在意識がまだ完全に目覚めていない時には、容易に「神」の観念が潜在意識に注入せられるのである。潜在意識は宇宙意識及び超越意識に繋《つな》がる所の精神であるが故に、神を生れながらにして知っており、その神の想念を容易に受け容《い》れてそれに従って創造活動を継続するのである。起床時三十分の神想観によって、その日の出発が神の叡智《えいち》によって始められ、一日中の生活が神の叡智によって導かれるならば、自《おのず》から自己の日常生活も、職業に関する義務も、今までよりも一そう完全に行われ、やがてその日の終る時、再び三十分間の神想観を行い得《う》る時間の余裕を見出し得《う》るようになるのである。神の愛にとり囲《かこま》れ、神の平和に満たされた心境にて睡眠に入るならば、その眠りは一そう深く安らかになり、平和になってその間に昼間の疲労は速《すみや》かに回復する。かかるが故に、翌朝《よくあさ》神想観を行うための早起きも何ら苦痛にならなくなるのである。その次には次第に日常生活が完全に整理されてくる為に、時間の余裕が出来ることになり、真理の書物を毎日一二時間は熟読翫味《がんみ》しても、家庭的及び社会的義務にそむかず、却《かえ》って一そう完全にすべての仕事と義務とを遂行《すいこう》し得《う》るようになるのである。

日常生活を抛擲《ほうてき》してはならない

神の存在に目覚め、神との合一《ごういつ》感を深く味《あじわ》うようになった信仰の最初の熱狂状態に於《お》いては或人《あるひと》は日常生活を抛擲し、家庭生活を放棄し、ただ山に入り道場にこもって聖典を読み、神想観《しんそうかん》をはげみたいというような熱情にかられることもあるが、斯《か》くの如《ごと》きは本当の修行の道ではないのである。

昔から「小聖《しょうせい》は山に入《い》り大聖《たいせい》は市《まち》にかくる」という諺《ことわざ》があるが、真に吾《われ》らが魂の修行をせんと欲するならば、決して自分だけが山にかくれて静寂の生活を楽しもうとするがようではならないのである。真の修行は日常生活を遊離した畳《たたみ》の上の水練であってはならないのである。真に波立ち荒れ狂う激流の中にとびこんで、もしかしたら溺《おぼ》れ死ぬかもしれないような水の中で、しかもその水を征服したもののみが水を征服したということができるのである。人生も又斯くの如きものである。真に怒濤《どとう》荒れ狂うが如き怪奇複雑な人生の諸々《もろもろ》の出来事の中に於《お》いて、つまずく事なく溺れることなく、神の智慧《ちえ》に導かれて幸福と平和と健康と繁栄との生活を送り得《う》るものこそ人生の勝者であるのである。

吾々はまず日常生活を如何《いか》に整理して神に接触する時間をつくるべきかを考えなければならないのである。ここに断乎《だんこ》として決意せる意志の働きと正しき智慧に導かれたる日常生活の整理ということが必要となるのである。

セオソフィーの精神統一法

アリス・A・ベーリー女史が精神集中のために、必要なる練習の仕方としてあげたる所の方法はざっと次の通りである。形式は多少異《ことな》るが内容は神想観《しんそうかん》と全く同じことであるから次の如《ごと》く実修されて好《よ》いのである。

(一) 肉体を安らかにどこにも凝《こ》りのないように統制する。

(二) リズミカルな規則正しい呼吸をできるだけ静かにゆっくり行う。

(三) 自分の肉体、感情体、及び精神体のすべてが自分の脳髄をアンテナとして宇宙霊の流れ入《い》る所の流入口《りゅうにゅうこう》となり、わが想念によって全身心が浄《きよ》められ、それによって支配されると感ずる。

(四)意志の力により、ある一定の言葉を心に念じてそれに精神を集中する。この場合意識にはっきりとその意味を思い浮べることが必要であって、言葉だけの繰返しではよろしくないのである。

(五)かくて精神を集中して念ずる所の言葉は大体次の通りである。

「吾《わ》が本体は、太陽よりも尚一そう光輝《こうき》燦然《さんぜん》として輝き、雪よりも尚一層清浄《せいじょう》であり、エーテルよりも尚一そう精妙《せいみょう》であり、これがわが中《うち》に宿る霊であって、それが本当の自分である。」

(六)その次の言葉に精神を集中するのである。

「神は今吾《われ》を見給うのである。」この言葉を念ずる時はっきりとその意味を思い浮べながら繰返すのであって、その想念がふらふらしてはならないのである。

(七)最後に次の意味の言葉を繰返して精神統一するのである――

「吾々は永遠の世界に住んでいる。吾《わ》が魂の中には言葉に云《い》い表すことのできない平和がみちみちているのである。今ここにすべてのものを新たならしめる所の力がある。今、自分は神と一体であるが故《ゆえ》にその力は吾が中《うち》に生き動いているのである。」

以上はセオソフィーの行う精神統一法であるが、メンタル・サイエンスに於《お》いてもディヴァイン・サイエンスに於いても、ユニティーに於いてもそれぞれ多少異なる所の神想観（meditation）の思念があるのであるが、大体何《いず》れもその原理は同一であるのである。特にアリス・A・ベーリー女史は心が無念無想になることを警戒しているのは生長の家式に似ているのであって、心の中《うち》には念ずべき想念を一杯にみたして常に活潑《かっぱつ》に心が活動していなければならぬという事を警告しているのである。自働的に、同一の言葉がくりかえされて無我の状態になってしまうことはよろしくないのである。吾々が潜在意識の中に持つところの想念の種子は、その意味がはっきり明瞭なものでなければならないのである。以上述べた第六節の思念の言葉を次の如く継続的に思念として行うのも適当であるということをアリス女史は述べているのである。

「神は吾を見給うのである。

神はわが中《うち》に宿り給う神性《しんせい》なる本性《ほんせい》であり、わが中に宿る霊であり内在の基督《キリスト》である。

この真実のわが魂は永遠より永遠にわたって自分を見守って来たのである。

今初めて自分は自己に宿る神を見ることができたのである。

今まで自分はこの内在の神性を無視して生活して来たのである。

今や積極的に現実の自分と内在の神性との関係が開かれたのである。

こういえばとて自分と神とが別者であるというのではない。

自分と神とは一つである。

自分は神である。否《いな》、常に神であったのである。

それ故《ゆえ》自分はその神なる『本当の自分』によって自分自身を見るのである。

自分は『本当の自分』である。その『本当の自分』即《すなわ》ち神であるから、神が私である。」

之《これ》はメンタル・サイエンスで云う論理的思念法（アーギュメンターティヴ・メソッド）に属するものであるが、アリス女史は修行の最初に或《あ》る人達にはこの方法をもって適当であるとしているのである。徐々に論理的に、迷いの自分から「神なる自分」に目覚めるための順序を追った思念法である。彼女は突如として「吾は神である」と念ずる式の思念は初学者にとっては危険があるとしているのである。それはまだ完全に神なる境地に到達していない状態なる「偽我《ぎが》」の自分を、そのままに神として肯定することになるから、偽我を否定して新たに神の子の自覚が生れ更《かわ》るということにはならない惧《おそ》れがあるのである。

偽我《ぎが》の否定と真我《しんが》の肯定

以上の思念法に於《お》いて「吾《われ》は初めて今神を見ることができるのである」という思念及び「今まで自分はこの神聖なる存在を無視して生活してきたのである」という思念

が自己懺悔《ざんげ》として過去の偽我の否定として働いている事を看過《みのが》してはならないのである。過去の否定のない所には、真正《しんせい》の甦《よみがえ》りはないのである。だから偽我を否定せずして、「吾は今このままに神である」というような思念は、善悪混淆《こんこう》真偽《しんぎ》撞着《どうちゃく》のままそれを肯定してしまうことになるからよろしくないのである。生長の家の神想観《しんそうかん》に於いては、最初の句の「吾《わ》れ今五官の世界を去って」という言葉が重大なる役目をなしているのである。人間は神の子であると云《い》っても、「五官の世界」そのままの不完全なる状態がそのままに完全だというのではないのである。五官の世界にある一切のものを抹殺《まっさつ》して、それに死にきって後《のち》、初めて「実相の自分」が実現し、凡《あら》ゆる点に於いて完全円満であり、調和しており、無限の智慧《ちえ》にみたされ完全なる健康をもっている真我が現れるのである。一度自己否定を通過したる後《のち》に於ける大肯定でなければ真の自覚に到達したものでないと云うことは何人《なんぴと》も注意しなければならないのである。

（註）精神統一法及び思念法に就《つ》いては『健全の真理』の主篇（新選谷口雅春法話集４）及び生活応用篇を参考とせられたい。（日本教文社発行）

第十七章　浄化過程に於ける人生体験

体験の受け方に就《つ》いて

多くの人々がそれが必要な程度よりもその生活を困難ならしめるのは、魂の向上に欠くべからざる条件として自己に来《きた》る所の経験を善と認めずして悪と認めて逃れようとするために起るのである。若《も》し真理を求めて、神に祈りつつ新生活に入りつつある魂にとっては其《そ》の人に来《きた》る所のどんな経験も悪なるものは決してないのである。此等《これら》の人にとっては根本的にどんな恐るべき事件も現れないのである。尤《もっと》も生長の家に入った人には何事も悪いことは絶対に起らないと私は言おうとするのではないのである。過去の想念が或《あ》る時間経過の後《のち》に現象界にあらわれて来るのであるから、その人の過去の心の持方《もちかた》によって、現在或《あるい》は何らかの事件がその人の運命に現れるということは誰もそれを許さなければならないのである。併《しか》しそれによって過去は形に表現される事によって消えて行きつつあるのである。私が言わんと欲する事は祈りによって神にまで魂を注ぐ人は、聖霊に依《よ》る導きによって其の人の遭遇する経験が、神の無限の智慧《ちえ》と愛と力とに依って修正されて行くので、それは悪《あ》しく見えつつも決して悪ではあり得ない、究極的に見て唯《ただ》善であるのみだと云うことである。それが若しその起る事件が悪と見えるならばそれは単に仮面に過ぎないか、我々の心に受取り方が間違っているのである。何故《なぜ》なら神の無限の智慧と愛と力とに依って我々に持ち来《きた》される所のものは、何事にせよ善の外《ほか》にあり得ないからである。之《これ》のみが真理であるが故に、総《すべ》ての人生に起る出来事を我々は神の祝福の表現であると感じて素直に受けてその意義を汲み取らなければならないのである。仮令《たとい》それがどんなに暗く見えようとも、我々が斯《か》くの如《ごと》き心的態度で経験を受容する時、我々は自分に来《きた》る総《すべ》ての経験がただ善ひとすじの途《みち》にまで展開し行きつつあることを見出すのである。

総《すべ》ての経験は善なり

我々は人生の行路に於《お》いて、時々は予想外の出来事にぶっつかり、失望や、困難や、見せかけ損失に出会うことがあるであろう。併《しか》しながら之《これ》は決してその人の魂の進歩にとって悪ではないのである。何故《なぜ》ならば、唯一の善は、魂の進歩のみであるからである。我々がそれ等の経験する困難を困難として受けずに、それを祝福として感謝して受け、それと協調して生活するならば、一見困難と見えたものが、極めて善なる結果をもたらし、一層高く一層善きものに転ずる飛石《とびいし》となるのである。斯《か》くの如《ごと》くして神に結ばれている限り、我々は人生には何等《なんら》悪が起らないということを見出し、唯《ただ》善のみを見ることが出来るのである。併しこのためには常に神に祈り、神想観《しんそうかん》をし、神の智慧《ちえ》の導きを受け、自己に来る《きた》経験を神からの祝福として感謝して受けなければならない。

誘惑にかからぬように祈ること

人々は時々物質の誘惑に会うのである。殊《こと》に光明思想を知って、人生が心で支配し得《う》ると知るようになるとき、その心の法則で利己的に「物」を集めたくなったりする。斯《か》くの如《ごと》き誘惑は無論《むろん》退《しりぞ》けなければならない。「人、全世界を得《う》るとも魂を失わば何の甲斐《かい》かあらんや」である。この故《ゆえ》に我々は心の目を覚ましおり、常に祈らなければならないのである。――どうぞ、あなたの正しい智慧《ちえ》の導きに依《よ》って誘惑にかかりませんようにと。主《しゅ》の祈りに於《お》いて、イエス・キリストさえも「試《こころ》みに遭《あ》わせ給うな」と祈られたのである。試みとは誘惑のことである。誘惑にかかることなく神の智慧に導かれて正しき勝利者となることが必要なのである。「自己」に打ち克《か》つ者となることに依ってのみ、その人の経験は、苦《にが》きように見えても祝福に転ずるのである。

イエスは「ひれ伏して我《われ》を拝せば全世界を与えん」とサタンが云《い》ったとき、「サタンよ去れ」と一喝《かつ》しているのである。「サタン」とは「ニセモノの自己」を人格の形に於いて表現されたものである。

経験の意義に就《つ》いて

神の摂理《せつり》として我々に来《きた》る所の総《すべ》ての経験の中には無限に賢き目的があるのである。若《も》し我々が暴れ狂う運命の中に放り出されたならば、我々の魂はその運命を征服すべく奮然《ふんぜん》として蹶起《けっき》することを知るのである。もしその運命が我々に恐怖をもって満たすならば、吾々《われわれ》は恐怖は神を信ずる信念の不足であると反省して、益々《ますます》神につながらなければならないことを知るのである。また若しその運命が我《われ》を憂鬱《ゆううつ》ならしめるような不快なものであるならば、我々は無限の喜びである所の真の実相をまだ悟り得て居《い》ないと云《い》うことを反省させて頂く機会を与えられたのである。このように総ての経験から我々は常に何らかの教訓を受けることが出来るのである。世界はすべて神の摂理によって支配されているのであるから、若しその経験が不必要であるならば、我々にその経験は近寄って来ることはないのである。斯《か》くの如《ごと》く考える時、我らの運命を解決する道は甚《はなは》だ容易なものとなるのである。魂を神に振向け神の摂理に信頼せんとする人にとって、我々に夫々《それぞれ》特殊の経験の来る意義を諒解《りょうかい》してそれを迎えるならば、どんな運命も亦《また》、極めて楽しき悦《よろこ》びに満ちたものとなるのである。我々に経験が来る意義を体得したる人の生活が平穏《へいおん》であり、平和であると云う理由は、摂理に対する理解に依《よ》って、総ての経験を正しき観方《みかた》に於《お》いて受けることが出来るからである。真理に理解のない人々の生活が混乱と狼狽《ろうばい》とでアタフタして居る理由は、経験の来《きた》る意義を知らず、自己反省と自己統制とが欠乏している為に、自己に訪れて来る経験を正しく最もよき方法に於いて受容する道を知らないからである。併《しか》し斯《か》かる人々も経験に依って一歩一歩前進し、やがては真理に対する練達者となるまで経験を積むのである。我々は誰でも、最も高き魂の段階に到るまでは学ばなければならないのである。魂の進歩のためには我々は決して目前の些事《さじ》を軽蔑《けいべつ》してはならないのである。

何故《なぜ》、彼は失敗するか

はじめて光明思想に触れた人たちが失敗するのは、余りに早く結果を求めて、その結果がいと速く出て来ないときには躁《もど》かしがってあちこち心が転ずるからである。之《これ》を止《や》め、あれを試み、一つの真理の種子《たね》が発芽するまで待つことが出来ないのである。彼は彼自身の心をして静かに信頼して落ち着かせていることが出来ず、常にいらいらして心が動揺しがちである。光明思想に触れながら、又、神に祈りながらよき結果を得《う》ることが出来ない時には、何か自分の実践に間違いがあるのであるから、反省してそれを発見するが好《よ》いのである。恐らく彼は為《な》さなければならない所の事物を為さないで放置して、してはならないことを行ったにちがいないのである。その結果、彼の運命に何等《なんら》期待した善きものが得られないのである。しかしながら彼の失敗にも拘《かかわ》らず彼が一意専心《いせんしん》、神の国を求めるならば、やがては彼は多くの失敗を通して最後には最高の真理の道にまで導かれるのは間違いはないのである。

心の平安と静寂の必要

彼が失敗した原因は、彼が自分自身を心の平安と静寂の状態に置かなかったことにある。心の平安と静寂こそ総《すべ》ての事物の達成の為の秘訣であるのである。静かに坐して、自己が神の子であると云《い》うこと、神の造り給うた実相はすべて完全である事を念ずるが好《よ》いのである。どんな時にも罠《わな》に掛《かか》った鳥の様にばたばた羽ばたき廻《まわ》ることを止《や》めなければならないのである。注意力を全部神に対して集中し、実相の完全さに集中し、彼の心が静かに実在せる事物の完全さを観《かん》ずることが出来るように心の訓練を普段にして置くことが必要であるのである。あなたの心が静かになった時に於《お》いてのみ、完全なる神の智慧《ちえ》があなたの心に波長を合わせて、それを感ずることが出来、その導きに依《よ》って行動し得《う》ることが可能となるのである。常に静かに坐して神想観《しんそうかん》をなす習慣をつけるが好い。真理は頭脳智では知ることは出来ないのである。頭脳智で求めたり、研究したり、議論したり、討論したりすることに依って得られるものではないのである。真理ははげしい颱風《たいふう》の中にもなければ、あれくるう焔《ほのお》の中にもないのである。しかし、それは静けさの中に、幽《かす》かなる魂のささやきの中に、かすかに聞える幽玄のひびきとして魂の底から汲み出されるのである。

魂の脱皮の過程

多くの人々は、意識的なる真理追求者となる前に、摂理《せつり》から来る特殊の環境に依《よ》って無意識の中《うち》に真理に導かれる。自己の意志に依って真理を求めるに到るのは余程のちの事である。それ迄に嵐と地震と焔《ほのお》のような運命を通過しなければならないのである。それは私の自叙伝を読んで頂けば判然《はんぜん》する。(『生命の實相《じっそう》』第十巻、自傳《じでん》篇、神示《しんじ》を受くる迄参照)誰でも或《あ》る時期には自分の生活と環境とを難破せしめ、崩壊せしめる暴風《あらし》と怒濤《どとう》の中を通過するのである。尤《もっと》もそれは自分の心に潜《ひそ》む自己破壊のコンプレックスから来ることもある。そして彼等は之等《これら》の苛烈《かれつ》な人生の航路に於《お》いて、どうして神を見出すことが出来ようかと考えたりする。しかし彼らもやがて苛辣《からつ》なる色々の人生体験を通して焰と怒濤に依って浄《きよ》められると云《い》う実際生活の中に魂が推《お》し進められるのである。神は暴風《あらし》や焰の中には見出されないし、神は暴風《あらし》でも焰でもないが、併《しか》し人生の怒濤と焰は彼が神を見出す妨げとなるところのものを洗い流し、神と彼とを相隔《あいへだ》てていた所の邪魔な障壁《しょうへき》を焼きつくして、神に直接対面せしめる働きをしてくれるのである。斯《か》くして結局たえず神を求める人々は、その人生体験を通して「魂の向上」の次なる段階に対して準備せられるのである。神は暴風《あらし》でも、怒濤燃ゆる焰でもなかったことが其《そ》の時わかる。併し神は光であり給うたのだ。パウロが「神は将《まさ》に燃え尽きんとする焰の中に見出される」と云ったのは神を求め、やがて神を見出す所の総《すべ》ての人々は、光に到達し得《う》る迄に若干の焰の中を通過しなければならないと云うことを意味するのである。この魂の浄化の過程を、ある人は「みそぎ」の過程であると称し、或る人は「修祓《しゅうばつ》」と云う。又他の人々に依っては「脱皮」の過程であると言われて居《い》る。この脱皮の過程を通して、神を求める人は、彼を神から隔てていた所のものと分離されるのである。

併し乍《なが》ら神の摂理が、諸君を導いて通過せしめようとしていたまう諸々《もろもろ》の人生体験が如何《いか》に苛辣であろうとも、諸君は決して、神から見捨てられ、運命から抛《な》げ出されたと思ってはならないのである。ある意味に於いては、神は決して吹き巻くる暴風《あらし》や、揺れ動く地震や、燃える硝煙《しょうえん》の中には存在しないのである。而《しか》も他《ほか》の意味に於いては斯くの如《ごと》き時にも矢張り常《いつ》も同じように神はましますのである。ヤコブ・ベーメは「神の愛は彼自身がいまさない所にさえも行き亙《わた》って充《み》ちてい給い、神自身がありい所にもあり給うのである」と逆説的な事を説いているのはそのためである。神は完全であるから病気の中には神はいまさないが、また或る意味では病気の中にも摂理として導いていられるのである。光は暗《やみ》の中に照るが暗は光を理解することが出来ないのである。人は神の御心《みこころ》を理解することが出来ないかも知れないが、神の愛は常に万人と共にましますのである。苦難と見ゆる中にもそれに耐える力を与え、暗黒の中にも光の方向へ導いて下さり、ついに天国浄土へ引張《ひっぱ》って行って下さるのが神の愛である。

「光」に到達せんとする過程

「光」は燃ゆる燄《ほのお》の結果であると言うことが出来るかも知れない。併《しか》し乍《なが》ら実際には、燃ゆる燄は不完全不充分に燃焼しつつある「光」である。「光」の中に住む所の人は燄に就《つ》いては感ずることがないであろう。燃ゆる燄を感じ、燄の中を通過する体験を経なければならないのは「光」からなお多少彼が離れて居《い》るからである。併し、光は燃ゆる燄の結果であると言うのは単なる譬喩《たとえ》であって、燄の中を通過する苦しみとは、謂《い》わば人が自分自身の不調和の心の状態、及び神と離れた心的状態が因《もと》になって自ら作った不調和の一形式に過ぎないのである。「光」は常に而《しか》して永遠に「光」であるのである。道を求むる人にとって燄の苦しさが見えるのは「光」の罪ではないのである。それは人が、まだ白熱的信仰に達しない為《た》め、半ば燃ゆる信仰の燻《いぶ》っている心境の為に斯《か》くの如《ごと》く見えるのである。

悲哀の奥には聖地がある

「神は光にして少しの暗き所なし、若《も》し神と交際《まじわり》ありと言いて、暗き中を歩まば、彼等偽《いつわ》りて真理を行わざるなり。若し神の光の中に在《いま》す如《ごと》く光の中を歩まば我等互いに交際《まじわり》を得、又その子イェスの血総《すべ》ての罪より我等を潔《きよ》む」「その兄弟を愛する者は光に居《お》りて顚躓《つまずき》その衷《うち》になし」とヨハネ第一書には書かれてある。神は愛であるのである。だから愛こそ如何《いか》に生きるかの指標とならなければならないのである。もし我々が我等の兄弟（或《あるい》は隣人）を愛し実践するならば我々は常に光の運命を歩むのである。真に愛する者には不幸は来《きた》ることはないのである。

併《しか》し若し人が隣人又は兄弟を愛しないならば、その人の外形の運命がどうあろうとも其人《そのひと》は闇の中にあるのである。而《しか》して闇は我々の目を蔽《おお》うが故《ゆえ》に魂はいずこに行くかを知らないで彷徨《ほうこう》するのである。魂が光の中を歩まんがために、克服しなければならない所のものは、我々の隣人又は兄弟に対する「愛の欠乏」ということである。言い換えれば我々の「自己愛」を破砕することが必要なのである。我々が光の中を通過し、光の中に住むことが出来るのは「自己愛」を完全に粉砕した後《のち》に於《お》いてであるのである。苦難の中を通過した人のみが、真実に苦しんでいる人に愛と同情とを与える力が其《そ》の魂の中に培《つちか》われることになるのである。愛する者と死に別れるごとき深く切なる悲しみは決して無駄ではないのである。其の体験はその人の魂をして、此世《このよ》的なものに対する執着《しゅうじゃく》を捨てしめ「自己愛」又は利己主義を燃え尽してしまう力がある。オスカー・ワイルドが「悲しみの奥には聖地がある」と説いた如く、深き悲しき体験がその人をして同情深き人ならしめ、他の人々に対して実に優しき人たらしめたと云うような実例を我々は度々見るのである。ガス焼《やき》された糸が淘《よな》げられて良質の糸となるごとく、燄の中を通過する運命は光に対して我々の魂を準備するのである。斯くして如何なる体験も無駄ではない。それが悲しいものである程、我々の魂の中に真の愛、真の同情を発生せしめるのである。

（註）この一篇はハンブリン氏の著書に負う所が多大である。尚同氏の運命論に就《つ》いては

拙著『苦難と恐怖の克服法』に詳《くわ》しく紹介されてある。

第十八章　悪しき暗示に対する抵抗

民主主義と自己放棄の矛盾

民主主義の原理は自己の確立でなければならない。それは断乎《だんこ》たる自己の主張でなければならないのである。だから小乗仏教の無我の原理とは異《こと》なるのである。吾々《われわれ》は我々を支配せんとする他の自我《じが》に対して、無条件に自己を放棄してはならないのである。仏教には、目を求むる者には目を与え、腕を求むる者には腕を与え、頭脳骨髄を求むる者には頭脳骨髄を与えなどと云《い》うような無我、無批判の布施《ふせ》が尊ばれる譬《たと》え話があるのであるけれども、そのような無批判な与え方は、神性《しんせい》に対して自我を与え切るのではなくして、他人の我慾《がよく》に対して自己を放棄するようになるから尊いとは云えないのである。我《われ》なるものは、常に我《われ》なるものでなければならない。即《すなわ》ち自己の個性的自我はどこまでも他の個性的自我と区別されるべきものでなければならないのである。神が「我《われ》」を他の自我と区別さるべき特徴を以《も》って地上に生み出した以上は他の者には振向けることが出来ないところの或《あ》る使命を有《も》っているからこそ斯《か》くあるのでなければならないのである。我々の各々《おのおの》は積極的存在として毅然《きぜん》として自己を確立し、他の自我の圧迫や誘惑に対して脆弱《ぜいじゃく》であってはならないのである。自己を確立していない脆弱なる個性に於《お》いては、特に強き個性を有する者が支配的性格を以って迫り来《きた》るとき其人《そのひと》に支配される惧《おそ》れがあるのである。古来、多くの婦人が男性の誘惑にかかって罪を犯したのも其《そ》の為であるし、ヒットラーや東條に雷同して第二次大戦に協力したのも彼らの支配的性格に盲目的に支配されたからに外《ほか》ならないのである。

我々が無我であり、没我的《ぼつが》であり、脆弱であっても好《よ》いのは、唯神《ただ》に対してのみでなければならないのである。パウロが「最早《もはや》我れ生くるに非《あら》ず、キリストわれに在《あ》って生くるなり」と言ったのは、他の我慾に対して無条件降伏をしたのではなく、唯神にのみ、キリストにのみ自我放棄したのである。

個性の脆弱《ぜいじゃく》さは断乎《だんこ》として排撃しなければならない

我々は我々の自我を放棄して総《すべ》てを神に任《まか》せ切らねばならないとは言え、他の自我に対して、この種の同じことをしてはならないと云《い》うことは、真理である。それ所《どころ》か我々は自我の自主的な力と、神が自己に割り当てたところの、他の個性と異なる特殊の個性とを発達せしめることが、神に対する義務なのである。我々は自身の上に、如《い》何《か》なる精神的支配力（死者の霊波の場合もあれば、生きている人の言葉や念波の場合もある）も我々の上に如何なる力も影響をも及ぼすことが出来ないように強き個性を持たなければならないのである。我々は自己の完全な自由と、そして、自らが自らの主人公であるところの自主性と、自らが自らであるところの個性的なる存在とを、確固として維持《いじ》しなければならないのである。もし我々が斯《か》くして我等自身の自主的にして個性的なる自由を確保しないならば、人間は個性も、人格も、特殊性もなき所の弱き動物となり終って了《しま》い、或《あ》る他の強き自我（神ならざる暴力的自我）に依《よ》って我等自身が支配せられることになり、「神」を生かすための自己放棄ではなくして、他の人の暴力的我慾《がよく》の前に単に屈従することになり、自己自身の自主的生活が存在しなくなる懼《おそ》れがあるのである。

峻厳《しゅんげん》なる叡智《えいち》に導かれる愛

併《しか》しながら我々は如何《いか》にして此様《このよう》な強き個性の尊厳と確乎《かっこ》たる心的態度を持《じ》し、然《しか》も全人類に対して、他の人の自我をも生かし得《う》るような博大《はくだい》なる愛を持つことが出来るであろうか。併し、考えなければならないのは愛深き人間とは、決して猫のように媚《こ》びの愛を持つことではないし、又、愛に溺《おぼ》れることでもないのである。又如何なる形や方法にても他の人に対して自分自身を没却《ぼっきゃく》してしまうことでもないのである。峻厳なる叡智に導かれた愛のみ、真に善意と祝福とを総《すべ》ての人々に注ぎかけることが出来るのである。溺れる愛は、自己をも他をも愛慾《あいよく》の海に沈没せしめる惧《おそ》れがある。真に他を生かすと同時に、自己をも生かすためには、確乎として積極的なる心的態度が維持《いじ》されなければならないのである。その峻厳にして公正なる愛は善人にも悪人にも何《いず》れにも太陽が光を注ぎかけるが如《ごと》くでなければならないのである。博《ひろ》く人類を愛し得《う》る程度にまで高く魂の向上せる所の人は、みずからも、ひときわ高く聳《そび》ゆる所の魂の毅然《きぜん》たる高さを維持する強さを持たなければならないのである。自らが富嶽《ふがく》の如く浄《きよ》く高く、峻《けわ》しくしてこそ、その高さよりして祝福の愛と智慧《ちえ》とを全人類に贈らんとの念願を成就《じょうじゅ》するを得《う》るのである。斯《か》くの如き人はいたずらに時局に便乗的であってはならないし、衆愚《しゅうぐ》に附和《ふわ》する雷同性《らいどうせい》をもってもならないし、個性強き或《あ》る権力者の支配的な言葉に受動的であってもならないのである。時には愛に溺れた状態に自分自身を沈めてゆく事を断じて拒《こば》んで、涙を揮《ふる》って馬謖《ばしょく》を斬《き》らなければならぬこともあるのである。時には、ある意味に於《お》いては孤峭超然《こしようちようぜん》たる態度を持《じ》して他人の哀傷《あいしよう》には眼もくれず、自分を主張しなければならぬこともあるのである。一方に於いては他の人に対して喜んで自分自身を与え切りながら、而《しか》も、他方に於ては、自己を断乎として守って自己を滅却《めつきやく》して他の人に仕《つか》えることを儼然《げんぜん》と拒否するのである。このような普遍的なる愛は神の愛そのものの如くである。イエス・キリストは斯くの如く積極的なる峻厳なる姿に於て愛を与えたのである。彼は断乎としてパリサイの徒と戦《たたか》ったし、縄の鞭《むち》をもって不浄なるコンマーシャリズムの徒を神聖なる境内より駆逐《くちく》したのである。彼は聖書のどこかで録《しる》されているように、「何人《なんぴと》も我より命を奪うことを得ず、我は我自ら命を捨つるなり。我れは命を捨つる力を有し、復《ま》た再び命を得《う》る力を有す」と。彼は他の権力者より圧迫されたがために磔《はりつ》けに架《かか》ったのではなかった。自ら万民の罪悪意識を贖《あがな》わんがために十字架に往《ゆ》いたのである。

普遍我《が》の自覚と個性の持続

世に生れ出《い》でたる総《すべ》ての人々には、生ける神の霊（仏教的に謂《い》えば仏性《ぶつしょう》、基督教的《キリストきょうてき》に謂えばキリストの霊）が宿っている事は真理である。この真理を実相と謂う。併《しか》しすべての人間は、その実相が未《いま》だ完全には開顕《かいけん》していないのである。各人の魂の現在はその儘《まま》で又一つの個性的な発達段階又は開叙《かいじょ》の段階であるのである。一個の人間の魂が、総ての人々の魂と一つであり、山川草木瓦礫《さんせんそうもくがれき》に到るまで総ての事物の魂とすら一つであると云《い》う普遍的自覚の状態に達することは生命の本質への普遍的悟りであるとは云え、而《しか》も個性としての存在は儼然《げんぜん》と維持《いじ》されなければならないのである。個性の保持は必ずしも利己的ではないのであり、個が自己に割当てられたる特色を愈々《いよいよ》完全に発揮すればする程、彼は普遍的生命と一つになって存在するのである。我々が自己を放棄すると云うのは、個としての使命を放棄するのではなく、真に彼の使命でないところの偽我的放肆《ぎがてきほうし》を神に対して放棄するのである。それは決して個性の放棄ではないのである。又それは我々を支配せんとする他の強き自我に対して自己を委《ゆだ》ねると云うのでもないのである。貞操《ていそう》が暴力に対しても敢然《かんぜん》として守られなければならないのはそのためである。そして唯《ただ》、神がその人のみ命ずる所の相手にのみ貞操を与えるのである。斯《か》くて神の御心《みこころ》に一致しての自己放棄は我々自身の自由と個性とを我々より奪い去ると云うことにはならずして、愈々個性の完成となるのである。

イエスは「わが業《わざ》はわが為《な》すに非《あら》ず、神われに在《いま》して業を成さしめ給うなり」と云って、彼の個性は愈々発揮されて、しかも普遍我なる神との完全なる融合の自覚に於《お》いて生活したのである。だから彼はみずから、「神の子である」と称し、「我と父とは一体なり」と云うことが出来たのである。「神の子」とは神の個性的実現と云うにほかならない。個性にして同時に其処《そこ》に普遍が生きているのである。聖書を読めばわかる通り、イエスは最も強き個性的存在として最もハッキリした個性を備えていたのである。彼は釈迦《しゃか》や、ラマ・クリシュナと彼自身を混合する危険のない個性を発揮しつつ、而も魂の向上の最後の段階に到達したと認められ得《う》る。彼の生涯の行動の性格は最も個性的であって、他の如何《いか》なる偉大なる聖者、祖師たちとも混同する危険はないのである。すべて最もすぐれたる聖者と謂われる人達は、各々《おのおの》彼ら自身であって、そのほかの何者でもなかったのである。彼等は各々独自の強きけざやかなる個性を具《そな》えていたことは否めない。誠にも彼等の魂の向上が高ければ高い程、普通の人々よりも、一層ハッキリした個性を具えていたのである。

憑依《ひょうい》霊的預言者の強制力に屈服してはならない

多くの新興宗教の教祖たちは神秘主義者であって、或《あ》る種の奇蹟を行ったり、或る種の霊感又は預言力をもっており、その結果、「我《われ》は神の実現なり」と云《い》うような自覚または悟りにまで到達している場合が多いのである。天理教教祖は天理王命《てんりおうのみこと》の実現として、大本《おおもと》教祖は国常立 尊《くにとこたちのみこと》の実現として、また金光《こんこう》教祖は金光大神《こんこうだいじん》の実現として、教えをはじめたのである。

此等《これら》諸宗教の神秘主義者は、自分自身には合理的だと考えているのであろうが、客観的には、自己の自覚の向上によって、「我は道なり」というような異常なる魂の向上に達したのではなくして、或る霊の憑依によって、二重人格的に、その憑依霊から「お前は神だ」とか、「汝《なんじ》は上筒之男命《うわつつのおのみこと》だ」とか、囁《ささや》く声をきいて、真にその境地に達しない癖《くせ》に自分が神の最高実現に達したようなつもりで、大袈裟《おおげさ》な宣伝をする者もあるが、一部を除けば大抵《たいてい》、その教えは支離滅裂《しりめつれつ》で神を汚《けが》す罪を犯しているに過ぎないのである。

それでは、何が真にその人が「我れ神なり、仏陀《ぶつだ》なり」の魂の最高自覚に到達した証拠であるか、それともそれは単に低級霊の欺瞞的《ぎまんてき》憑依であるかを決定する資料となるのであるか、この事は重大なる問題なのである。

(1)「世の終り」を宣言して、人心《じんしん》を恐怖に陥《おとしい》れる預言者は、これは概《おおむ》ね憑依現象であって、自己の神性《しんせい》を自覚した者ではないのである。(2) 或る自然霊の憑依した預言者は人間の知らないような出来事を預言したり、時には病気を治したりするが、それは人間界の霊でないがゆえに、人間界の風俗習慣と異《ことな》る奇行のあるものである。

かくの如《ごと》きは、霊覚ありといえども本人の霊魂の自覚の最高段階に達した者ではないのである。（3）自己が高き自覚に達している者の教えは論理が整然と一致し、終始一貫的なものがあるが、憑依現象による者は論理的に一貫しない教えをし、時には驚くべき高邁《こうまい》なる語句があるかと思うと、笑止《しょうし》に耐えぬような猥雑《わいざつ》な語句や、滅裂なる文句が交錯《こうさく》しているのである。（4）憑依霊による預言者は非常に偏執的《へんしゅうてき》な融通のきかぬ、他に対して圧倒的に自己主張する傾向があって、他の人各々《おのおの》の個性的自由をゆるさない傾きがあることである。斯《か》くの如き預言者の有《も》つ危険性は、他を強制的に支配したいと云う傾向強きことである。憑依霊が彼に耳の中で、又は腹の中で囁いてその言葉を絶対間違いなきものと、預言者自身が信じていて、そして世の終末などを説くものであるから、その信念の力が他を強く支配する方法となるのである。爰《ここ》に極めて大なる危険が包蔵されているのである。何故なら、如何《いか》なる愛の動機に於《お》いてさえも、如何なる個性も、他の個性を支配し強制してはならないのである。我々が他を強制しても好《よ》い場合は、彼が失神状態に陥《おちい》っていて、みずからが危険に晒《さら》されていても逃れることが出来ない場合に於いてのみである。最も強き個性的な心的態度を持つ者と雖《いえど》も憑依者の断定的な言葉の強制力には支配される惧《おそれ》があるから、我々は常にかかる人格的侵害に対して自己を護《まも》らなければならないのである。我々自身は内においては他から侵害せられないところの強き個性を養成しなければならないと同時に、外《ほか》に対しては自己の強き個性を以《も》って他を支配すると云うことがあってはならないのである。何人《なんぴと》の個性に対しても完全なる自由が与えられなければならない。そして最も弱き者すらも、最も強き者と共に神から与えられたところの個性を完全に進展さすことが出来るだけの自由を与えて、神の愛と祝福との太陽の下《もと》に自由に伸びゆくことが出来るような教えのみが、真に人間を解放するところの神から来た宗教だと云い得《う》るのである。かくの如き宗教のみが、真に人間を救済し、人間の運命を神の与えたまうた最も完全なる基礎の上に置き得《う》る宗教だと云い得《う》るのである。

自己人格の自由を確保せよ

我々が若《も》し強力なる性格の人から来る圧倒的な暗示に対して自己自身を護《まも》る方法を知らなかったならば、我々はその暗示の犠牲者となって不測の災禍《わざわい》に墜落する懼《おそ》れがあるのである。我々が接触する所の人々は、その個性に従って意識的にか無意識的にか、我々を圧迫する所の暗示を与えることが往々《おうおう》あるものである。その暗示は時として我々に対する善意をもって為《な》されるかも知れない。(例えば、「こんなことをしていては病気になりますよ」と云《い》う如《ごと》き深切《しんせつ》なる注意の如き) しかし我々は、斯《か》る暗示に感応《かんのう》することを許してはならないのである。人間は神から完全な自由が許されているのであって、その自由の為に、時には間違いを演ずるようなことがあるにしても、それは他の暗示の奴隷《どれい》となって平安な道を進んだり、他の人の行動の模範通りに強《し》いられて、自己を失って了《しま》うよりも尚《なお》一層人格の完成のためには善なるものであるのである。

暗示に対して抵抗しなければならぬ

我々は善意によって、他の人の運命を改善せんと欲してさえも、強制力を用いてはならないのである。我々の動機が仮令《たとい》如何《いか》に善であり如何によき意味であるにしても、祈りによってさえも他を強制すると云《い》うことがあってはならないのである。（拙著『祈《いの》りの科學《かがく》』参照）暗示は到る処《ところ》に満ちているのである。我々が読む書物、街頭又は電車内の広告さえも、その暗示力を透《とお》して我々に影響を与えるのである。役にも立たぬ高価なる新薬の広告に描《えが》かれているインフルエンザに苦しんでいる患者の絵の如《ごと》きものは、我々の潜在意識に病的状態の心象を印象し、その病気を現実化すべき可能性を強めるのである。それらは我々の潜在意識に恐怖を注射し、その恐怖するものを実現するに到らしめる。然《しか》も、その暗示は、気の着《つ》かないような微妙な方法に依《よ》って行われるのであるから、無意識の中《うち》に我々の健康なる精神が掘り返され、覆《くつが》えされ、病的観念が播種《はしゅ》せられてしまうのである。

我々は凡《あら》ゆる種類の暗示に依って取捲《とりま》かれているのである。「誘惑」と云われるものも一個の暗示である。貧乏、窮迫及び苦悩の事柄が記載されている新聞雑誌を読むことは、時として、それに記載されていると同じような悲惨なる運命に我々を陥《おちい》らせるように、我々に暗示を与えることがあるのである。或《あ》る人が三角関係を結んだ記事が出ると、それを読んだ人が、不図《ふと》ある未亡人に遭《あ》ってそれと三角関係を結ぶ興味を覚えて、実際に三角関係にまで発展して家庭を破壊してしまうこともある。斯《か》くの如き記事そのものは神に対する罪悪であるのみならず、人類を悪徳と不幸に導く誘惑であるのである。また貧しき悲惨なる社会悪の記事がそこに書かれているならば、或る人はその記事によって神の愛に対して疑いを増すことになる。神の愛が此《こ》の世界に充満していると考える代りに、弱肉強食の利己主義のみに支配している冷酷《れいこく》極まる世界が此の世界であって、我々が此の世界に生活するために、極端な利己主義によって対抗するか、そうでなければ、窮乏にまで陥らなければならないと考えるに到らしめるのである。かかる社会悪の記事は、神に対して疑いの念を抱《いだ》かしめ不信の罪を犯さしめる悪徳となるのである。彼等は悪を報道することによって、人類から悪を無くすることが出来るであろうかと思っているのであるが、悪を心に描くことによっては悪は消えはしないのである。人間の不運、不幸なる状態を絶滅するためには、その反対を暗示しなければならないのである。悲惨なる状態を言葉で表現して、それを暗示として我々の潜在意識に巣食《すく》うことを得しむるならば、其《そ》の悲惨なる状態を我々に実現せしむる様に、暗示の強制力が我々の無意識行動を左右するのである。（谷口雅春著『人間性の解剖』及びフロイド『精神分析入門』〈上・下〉参照）暗示はそれが我々に投げかけられた時、直《ただち》に撃砕《げきさい》してしまわなければならない。これが自己を不幸、病気災難から防止する為の方法である。では如何にしたならばそれが撃砕されるのであろうか。それは「人間・神の子」の真理を確認する事である。総《すべ》て此世《このよ》の事物が神の愛によって護《まも》られ、神の智慧《ちえ》によって調和ある状態にあるのが実相であると云う真理を確認することである。創造の完《まった》き真理、神の愛に就《つ》いての真理、及び神の子として我々自身が完全であるべく定められている真理を神想観《しんそうかん》によって深く心に思念し瞑想して確認することである。

悪を存在すると見て抗すること勿《なか》れ、それを認めず否定せよ

他より来《きた》る暗示に対して自己を護《まも》ると云《い》うことは、他の自我より来《きた》る所の支配力と、必ずしも抗争することではないのである。またそれから恐怖して逃げ出すことでもないのである。或《あるい》はまた彼等と論争することでもなければ、憤激して呶鳴《どな》り合うことでもないのである。抗争や、逃避や、論争や、憤激は自己の弱さの表現であるしかないのである。それにふけることに依《よ》って、我々は我々自身をその心に想《おも》う悪状態に引っかからせることになり、却《かえ》って忌《い》むべき敵の手に自己の運命を委《ゆだ》ねることになるのである。

現象の悪を見てはならないと同時に、確乎《かっこ》たる心的態度を以《もっ》て、斯《か》かる「悪」の非存在を思念によって主張しなければならない。如何《いか》なる不幸も、それは「実相」に於《お》いては非存在なるが故《ゆえ》に我等に対して何等《なんら》の支配力をも持っていないと主張すること

に依ってのみ悪の暗示に打ち勝つことが出来るのである。之《これ》が可能なのは実相円満完全な相《すがた》を心に深く思念すること、そして我々の生活を、我々の精神を、実相の内に確乎として打ち立てることである。若《も》し我々が実相の内に確乎として自分を生活せしめ、自分の想念を実相円満の相《すがた》にのみ集注するならば、如何なる悪しき暗示も我々の運命を不幸ならしめることは出来ないのである。心の平静と確乎たる信仰の中にのみ我等の幸福は確保されるのである。我々は、暇ある毎《ごと》に祈りと神想観《しんそうかん》とによって、神が愛であり、渾《すべ》ての渾てであり、そして神のみ唯一の実在であると云う真理を強く思念しなければならないのである。また神は凡《すべ》てであり、善であり、善のみが凡てであることを、強き確信を得《う》るまで魂の奥深く思念しなければならないのである。

暗示を与える者が、単なる新聞雑誌の記事ではなく、一種の心霊修行者であり、その言葉の力が強く、暗示の侵略に晒《さら》されそうな場合に於いては特にそうであるのである。消極的な受動的な無我放心的な精神統一の実修をやる団体に加わったら、祈りをただの放心的受動に陥《おちい》るような形で行うような人々は、時としてその人に乗り憑《うつ》って支配せんと欲する自然霊又は動物霊又は浮浪《ふろう》の人霊《じんれい》に襲撃され、憑依《ひょうい》状態となって二重人格となり、時として精神分裂症的状態をあらわすに到ることがあるから注意しなければならない。かかる場合には、無論《むろん》その憑依状態を思念によって強力に否定しなければならない。即《すなわ》ち斯かる状態に陥った人又は陥りそうな危険にある人は、「人間神の子であって、完全なる人格の独立をもっていて、他の霊に憑依されたり支配されたりすることは断じてない」と云うことを神想観中に強く心に念じて宣言しなければならない。そして「神のみが実在であり、実相のみ実相であり、善のみが総《すべ》てであり、悪なる憑依状態は存在しないのである。神の愛は自分自身を常に護り給うており、常に神の愛の中に完全に抱《いだ》かれている自分は、決して悪霊に支配されることはないのだ」と云うことを、確乎不動に心の中に確認するようにしなければならない。

似《に》て非《ひ》なる神の御声《みこえ》に耳を藉《か》すな

易感性《いかんせい》の人々のうちには精神統一中に、又は他の場合に、神の御声を聞いたと思う。かかる場合に若《も》し其人《そのひと》が、それを単なる魔境と断じて、「仏に会っては仏を呵《か》す」底《てい》の大磐石《だいばんじゃく》の心境にて、憑依《ひょうい》の迷霊《めいれい》の誘惑の声を断然排斥《はいせき》し其《そ》の影響を受けることを拒否するならば、それでいいのであるが、若し彼等がその似て非なる神の御声を信頼して耳を傾けるならば、其の人はその霊に支配され、その霊に乗り憑《うつ》られ、自分自身の意志が全然無力となって、単なる憑霊《ひょうれい》の傀儡《かいらい》になってしまう惧《おそ》れがあるのである。そして其の霊の支配力は乗り憑られた本人のみに限らないで、その人を媒介として他の多くの人々にまで広く悪影響を及ぼすに至るのである。而《しか》も此《こ》の乗り憑られた人は自《みずか》ら惟《おも》えらく、「我は神の喇叭《ラッパ》である。」と。斯《か》く信じ、斯く主張してその神の御宣託《ごせんたく》を受けなければならない人類に対して自分の受けた神啓又はお筆先《ふでさき》を授けることが彼の使命であるとして行動するに到るのである。かく信じている（例えば璽光尊《じこうそん》の如《ごと》き）或《あ》る霊感者の影響は、時として健全なる常識人を捉えて、その信者にすることもあるのである。それは預言者みずから心底からの神の御声であるとその憑依霊の言葉を信じているから自信をもって述べるからである。もし我らが彼らの信念に屈服したならば、その人は、其の預言者をコントロールしている強き支配力を有する霊的存在の犠牲となってしまうのである。若し誰かの声が貴方《あなた》の耳許《みみもと》にて囁《ささや》くように聞え、「貴方はしなければならない」と貴方に告げるならば、貴方はそんなことに無頓着《むとんちゃく》になり、ただ他所《よそ》のラジオの放送を聴いているのと同様の気持で、何等《なんら》関心を持ってはならないのである。貴方自身の個性をこの種の如何《いか》なる霊の暗示によっても支配せられることを拒絶せよ。すべて事に処するには貴方自身の天性と良識と、そして沈思熟慮《ちんしじゅくりょ》による判断によって導かれよ。又この種の霊感的現象が起った時には幻聴や幻視の現象に深き経験を持っている先輩からよき助言を受けることが非常に大切なことである。この種の霊的囁きは決して神から来るのではないのである。それは諸君を霊界から暗示によって強制的に縛らんとする油断のならぬ誘惑であるのである。貴方は断じて此様《このよう》な誘惑に溺《おぼ》れてはならないのである。若し貴方が、神は人間に完全な自由を与えたという真理の下《もと》に、確乎《かっこ》たる自主独立の、何物にも支配されざる心的態度を持《じ》するならば、そのような霊界からの支配的な暗示力に縛られることなく、神は安全なる自主独立の生活をあなたに与え給うに相違ないのである。諸君が自己の内に神性《しんせい》なる普遍我《ふへんが》としての神を見出すのは、「神格の内流」を通してであって、憑依現象や二重人格現象を通してではないのである。若し諸君にして自分の本性実性《じっしょう》が神であると悟ることが真に出来るならば、其の良識の判断にまかせて、日常の事を処置して行けば好《よ》いのであって、誠心《まごころ》こそ神の御心《みこころ》なのであって、二重人格的に導かれなければならぬようなことは何一つないのである。

第十九章　無限なるものとの調和

諸君の生活内に入《い》り来《きた》るすべてのものの原因は諸君自身の内にある。諸君の内にはたらいている内部の力を完全に会得《えとく》したならば、諸君は諸君の生活を正確に諸君の欲する通りのものに決定することが出来るのである。

（ウォルド・トライン著『無限なるものとの調和』の一節）

本当の自由人は運命の主人公でなければならぬ

運命は外から働く強制的な力ではないのである。右に掲げた引用文は心で人生を支配するための実用人生哲学の真髄《しんずい》とも言うべきものである。

運命が外から課せられた宣告であると観じて、それが真理であるならば人間は奴隷《どれい》である。併《しか》し個人の経験の原因は環境の中にあるのではなく、個人の心の内にあるのだと言うことが自覚され始めたとき、人間は奴隷状態から解放され、自由人となり民主主義的生活を実際に行い得《う》るのである。自由の世界と云《い》うものも決して法則がないのではない。法則がなくて滅多矢鱈《めったやたら》に各人が動き出したら、交通規則のない繁華街のように交通事故で衝突や負傷や色々の不幸が起るのである。すると結論は必然的に法則が存在し、その法則に則《のっと》って各人が生活するとき個人は自己の生活を欲するがままのものに正確に決定することが出来ると云うことになるのである。即《すなわ》ち、法則は各人を縛るものでなく法則は「道」である。自動車道も、人力車道も、その他いろいろの道があるが、そのうちどの道を選ぶかと云うことによって、諸君の身に降懸《ふりかか》って来るすべての運命は決定する。だから法則は決して我らに宿命を課するのではない。あなたの運命の原因は貴方《あなた》の内にあるのだと云うことが出来るのである。

人間の成功・不成功の原因

この運命の基礎的法則を実際的に意義あるものたらしめるためには、法則を建設的に利用するためにこれを応用して見れば好《よ》いのである。人が事業に成功する時は、その人は「内在の神」に対して「成功」の手形を振出したからである。人が健康で丈夫であるならば、彼は「内在生命」に対して「健康」の手形を振出したからである。よき手形さえ振出せば、法則が必ずその手形に書かれた「好《よ》き運命」を払い出してくれるのである。

運命の此《こ》の基本的概念はこれでわかったとする。併《しか》しこれだけではあまりにも抽象的である。ラルフ・ウォルド・トラインからの引用文も遍在の「法則」の活動面を体験的に定義しただけである。その「法則」は「無限者」の一面であって、（註、『甘露《かんろ》の法雨《ほうう》』には「神は宇宙を貫く法則」と定義されている）我々の「内部の力」が、法則によって引出されさえするならば、どれほど広汎《こうはん》無限な働きを持って居《い》るかという事及び、どんなに我々の生活を思い通りの幸福なものにし得《う》るかと云うことを実証して見ようと欲するならば、ウォルド・トラインの所謂《いわゆ》る「無限者」と調和しなければならないのである。何事によらず自己の生活内に入《い》り来《きた》るものは、すべて自己の内なる力を、或《あ》る法則に触れて活動せしむることによって自ら招いたからこそ自己の生活にはいって来たのである。それは丁度、自動車道路をみずからあやまって歩いたからこそ自動車に触れたようなものである。その代り又、その同じ力を意識的に利用して、何事によらず自己の欲するものを引き寄せることも出来る。即《すなわ》ち、美術館へ行く道を意識的に歩いて、美しい絵画を見る運命に出会うことが出来るようにである。心の世界では、信念は時として新たなる道を作る。善きことが出来ると信じて少しも疑わぬと云うことは、遂には境遇を完全に支配するに至るまでの過程の出発点となるのである。

失敗のアリバイを作るな

併《しか》しながら、このような自由意志による運命の支配論や、「心の法則」については、積極的に反駁《はんばく》するための非常に有力な反証を生活経験の中《うち》に挙《あ》げることが出来ると諸君は云《い》うかも知れない。即《すなわ》ち貴方《あなた》は自分自身の経験に照《てら》して、屢々《しばしば》外的勢力が決定的な力を持っていると云うことを証拠立てるであろう。たとえば「私は戦争のために商売が台なしになったのだ」「私は戦争のために好ましくない場所に疎開《そかい》しなければならなかったのだ」「私の結婚生活は突如としてあらわれた或《あ》る女と云う第三者のために破壊されたのだ」「私の商売は貿易が停頓《ていとん》したという外的事情のために失敗したのだ」などと云う人もあるであろう。其《そ》の他一見個人の力ではどうすることも出来ない無数の力の実例を挙《あ》げることも出来るであろう。然《しか》し、そんなものは皆「失敗のアリバイ」に過ぎない。この「失敗のアリバイ」と云う言葉はハードマン博士の発明である。それは自己の生活を形造《かたちづく》り、自己の運命を決定する責任を逃れるための逃げ口上《こうじょう》にすぎないと云う意味である。人は自己の失敗の言訳《いいわけ》を発明したり、自分が困っているのは他の人の所為《しょい》であると言ったり、或《ある》いは成功を妨《さまた》げる不利な条件を強調したりして不安な慰めを見附《みつ》けることが出来る。然しかような態度を採《と》って見ても、結果にはすべて原因があると云う事実、「法則」は個人生活にも人類全体の生活にも普遍的に働くという事実を変更することは出来ないのである。失敗の言訳をする人は「自己が同情して欲しい下心」をもっている証拠で、そう云う心的状態が失敗の原因である。戦争の場合のように悲惨な恐ろしい結果に終ったからと言って神に責任を負わせても悪魔に責任を負わせて見ても何の効果もないのである。原子爆弾の空襲下に曝《さら》されていても傷つく人と傷つかない人とがあるのは何故《なぜ》であろうか。傷つかない人は、生命の「健全の法則」と調和したためにそのような結果が出て来たのである。個人の生活に困難や禍《わざわ》いが入って来るのは、その人が「無限者」と調和せず、自己の内界の「法則」と調和しなかったからである。

法則は不変であるが、法則を誤用すれば不幸を招く

健全の法則や、繁栄の法則に関する知識を進め、その応用法を悟りたいならば、先ず私の著『運命の原理』や『人生は心で支配せよ』をお読みになるがよい。「無限者」は諸君自身の内にあって、諸君自身の生活の「法則」となって居《お》り、従順に偏頗《へんぱ》なく諸君自身の受用を待っているのである。併《しか》しそれは「法則」であるから、侵犯したり誤用したりすることも出来るのだという事実を知ることが肝腎《かんじん》である。吾々《われわれ》が法則を侵犯したり誤用したりした場合は、禍《わざわ》いを招き、病いを得、失敗する。吾々が「法則」と調和した場合は、健康を得、人生に成功し、すべての問題や困難は、「内在無限の力」を利用する新しい方法を発見するための魂の錬成《れんせい》にすぎなかったことになるのである。

精神科学は「心の法則」を研究し、考究《こうきゅう》し、日常生活に実地に応用することを考えるのである。諸君の日常生活に、教えられた心の法則を応用して実際的体験を積むよ

うにするが好《よ》い。斯《こ》うして初めて理論的知識が強力な現実的力となり、確乎《かっこ》不動の信念となるのである。自分の運命は自己自身の生活態度に責任があるのであって、他の原因に責任をなすり附《つ》けるような卑怯《ひきょう》なことはしない方がよい。自己弁護の心的態度そのものが不幸を引き寄せる種類の心の波長である。過去に於《お》いて自己の生活にはいって来たものはすべて自身が意識的にわざと招いたか或《あ》るいは無意識の内に禍いを欲していたのか、或《あるい》は「心の法則」を侵犯したためにはいって来たのだと知り、「一切万事我《われ》にかえる、自分は宇宙の主人公だ」と云《い》う積極的な精神態度を取ることである。その理由は、運命の選択力は自己を司《つかさど》る本体として貴方《あなた》自身の内にあるのであって、公平無私なる「法則」の中《うち》には無いからである。すなわちすべて「宇宙を貫く法則」として遍在するものは個人が何を選択しても干渉せず、選んだ通りのものを与えるからである。貴方が現在の運命に就《つ》いて不満足であるならば、貴方自身の過去の経験を「法則」に照して精査し、善にせよ悪にせよ、貴方の経験を産み出したのは、あなたの想念、感情の力をどこでどうして活動せしめたために、その結果として斯ういう状態を産み出したのであるとよく考えて反省して見るがよいのである。貴方が意識的でなかったにしても、あなたは結局、決して誤ることのない「法則」を常に日常生活に応用していたのであり、それが悪い結果になっても、その法則を悪い方に応用していたのであって、貴方の過去は、公平無私なる法則の力を実際的に応用するための研究室であったことには間違いがないのである。

法則に対して正しき関係にあれ

神と調和するとは結局、法則に対して正しい関係にあると云《い》うことである。良き電気技師は電気の法則と正しい関係にあるのだ。彼は決して祈りによって電力をその性質即《すなわ》ち法則に反する働きをさせようとはしないのである。電気の技師が神に従順であると云うことは、電力を理解し、且《か》つ正しく応用することである。即ち法則に従えば電力が彼に服従するのである。彼が電力で自己の欲することを成さしめようとして意の如《ごと》くならぬ時は、法則が間違っていたのではなく、法則の応用法に誤りのあったことを知っていて、決して「神も、仏も、法則もあるものか」とは言わないのである。

或《あ》る人がエディソンに向って、貴方《あなた》は何百通りもの実験をして電気に光を出させようとしたが、すべて失敗に終りましたね、と云ったときに、エディソンは「いやいや、私は用いてはならぬ幾百の方法を発見したのです」と答えたと云うことである。それが真理ならば、大抵《たいてい》の人は、人生の幸福と成功とを得《う》るために何百通りもの実験をし、その実験を幾通りも繰返し繰返ししていることと思う。何回も何回も同じ心の持ち方で失敗を重ねながら、原因が心の世界にあるために気がつかないので、その同じ失敗したやり方を繰返すのは、蛾《が》が幾度も火傷《やけど》しながら、その原因を知る智慧《ちえ》がないから又しても火中に飛び込むのと似ている。科学者は何かの実験でそれが出来なかった場合には、再びその失敗した方法では実験をせぬのであるが、我々が心の生活にその科学者と同じ常識を働かさないのは不思議である。科学者は失敗したやり方を直《ただ》ちに捨て、正しい方法を発見するまで次々と別の新しい方法を試みるのである。然《しか》し不幸を嘆く人は不幸であっても、不成功であっても、相変らず同じ旧《ふる》い手法を用い、同じ旧い思想を持ち続けて火中に飛び込む蛾と同じように失敗を繰返すのである。

世の中には憎しみを持つ人が非常に沢山居《い》る。然し憎しみが惹起《ひきおこ》した醜《みにく》い大きな現実を一度見せてもらったら、憎しみが幸福を招来《しょうらい》するためには何の役にも立たぬと云う事実が瞭《はっき》り判るのである。それにも拘《かかわ》らず、人々は憤慨《ふんがい》、怨恨《えんこん》、憎悪《ぞうお》等を大切に保存し続け、そんな感情を起すことによって自分自身が生理的に気持が悪く、どんな善い結果も出て来ないで自らを不幸にしているのに気が附《つ》いても改めようとはせぬ。人生の科学を幸福問題に応用する点では彼等は馬鹿であり、無分別であるというほかはないのである。

更《さら》に、今一つの役に立たぬものは取越苦労や持越苦労である。これらの気苦労は身体《からだ》の活力を奪い、心を混乱せしめる。それは「幸福の法則」と調和しない。「幸福の法則」と調和しないと云うことは不幸を招くと云う事である。諸君のうち若《も》し常習の気苦労患者があるならば、私の著書『光明の生活法』又は『美しき生活』『愛と光との生活』をお読みになることをお勧めする。これらをお読みになって実行されれば、あの不愉快な、活力を奪う心の習慣は必ず治るものである。この外《ほか》我々が本当に役に立たぬことを知っている感情が沢山ある。即ち、恐怖、怒《いかり》、焦心《あせり》、短気、心配、あら捜し、噂話《ゴシップ》、落胆、狭量《きょうりょう》、怺《こら》えられぬ気持等である。これらは人生の交響楽の中の不調和な噪音《そうおん》みたいなものである。これらは生命の「幸福と健康の法則」と調和の取れぬ感情的雑音である。

読者はどうすれば「幸福の法則」と調和することが出来るのですか、その神聖な力と調和するには如何《いか》にしたら好《よ》いのですか、と質問するかも知れない。誠にも調和する道は手近にあるのである。世界中に充《み》ち満ちている悲惨と失敗とが如何に多いかを見れば其《そ》の方法は甚《はなは》だしくむつかしそうに思われるが、事実はそれ程むつかしくはないのである。すべての善き宗教はこの「幸福の法則」と調和する道を説いている。しかし多くの既成宗教はその教祖の教えた原理を後世《こうせい》の祖述者《そじゅつしゃ》によって歪《ゆが》められて伝えられたため、教祖の教《おしえ》を晦《くら》まし、人間の心を啓蒙《けいもう》せず、却《かえ》って混乱に導き「法則」へ調和する道が判らなくなってしまって教祖時代と同じような奇蹟的治癒《ちゆ》があらわれなくなっているのである。生長の家の出現の理由は、すべての宗教よ、その宗祖の教えにかえれと云うことである。

歪められた宗教は、宇宙の崇高《すうこう》な相《すがた》は霊であり、人間もこのままに霊的存在であると云うことを知らないので、神と人間とのつながりが絶縁されていることである。神は霊である。故《ゆえ》に神はすべてのものの中に在《あ》り、すべてのものの原因である。この「普遍者」が我々の生命として、我々の智慧として、各個人に宿っているのである。この「無限力の普遍者」との接触点は我々の内にある。それは吾々自身が霊的存在であるからである。神の霊が我々の内にある以上、それは我々の存在の崇高な核心である。吾々自身が宇宙の中心であり、創造の核心であるのである。人生の幸福と成功への道は、「普遍者」なる神は尽きざる生命として、反応する智慧として、直ちにそして常に、今、利用出来る力として、「自分」という核心と接触しているのだと云うことを悟ることである。この基本的命題を意識して受け容《い》れる時、我々は我々の内にある創造力を実験し、その力を試す準備が出来るのである。神なる「無限者」は法則として宇宙に充《み》ち満ちている。それはラジオ波《なみ》のように貴方に応答するのである。そして波長の合う姿だけをテレビジョンの受像機のように実現するのである。或る種の精神状態又は感情状態、面白くもない病的人間の悩みの精神活動を受像してそれを形に具象化する。だから貴方は真面目《まじめ》に努力して自身の精神的感情的習慣を調律修正しなければならぬのである。憎悪の感情は神の「幸福の波長」とは調和しないからあなたは是非《ぜひ》憎しみを止《や》めなければならぬ。気苦労は神なる幸福の本源を信頼しないことを意味するのであるから、結局、神の霊と波長が合わぬことであるから止めなければならない。貴方の欲するもの即ち幸福と成功を招来する為には、取越苦労など全然役に立たぬ反対効果をもたらすものに過ぎないのである。

簡単明瞭《めいりょう》な運命改善法

最後に運命を幸福に導く道を簡単に述べるならば、貴方《あなた》が常識で考えて見て、確かに神の性質及び属性であると信じ得《う》るもの、即《すなわ》ち愛、平和、正義、調和、力、裕福等とあなたの心の調子を合わせればよいのである。神と調和しない想念、感情、信念、習慣等を貴方が表明していることが分《わか》った時にはそれを中止するように真面目《まじめ》な努力をすればよいのである。神想観《しんそうかん》を行うて、自己なる存在の実相であり生命の核心である「完全円満の神なる相《すがた》」を瞑視《めいし》せよ、過去の誤りと困難と罪をクヨクヨ考えることを止《や》めよ。誤れる想念より生じた面白くない状態のことを心で反芻《はんすう》することを止めよ。心に思わないものは貴方の生活から逐次《ちくじ》消え去って行くのが法則である。神と調和するためには心の法則の研究と反省と日々の実行とが必要である。結局、最後の結論は、努力しただけの価値を得《う》ると云《い》うことである。人生は貴方の内に宿る「無限の宝庫」から如何《いか》にすればよりよきものを引出し得《う》るかを実験するための研究室であり、それを実験している間に沢山の幸福な楽しい収穫を得《う》るのである。これは自然科学者が自然の法則を試験する時と同じように勤勉且《か》つ忍耐強く「心の法則」に従って実地に試みるその努力の程度に従って新しき発見や新しい富源《ふげん》にぶつかるのである。

第二十章　謙虚と自信について

心が動揺して精神統一不能の場合

我々が心を鎮《しず》めて神想観《しんそうかん》をし、心の平和を取戻そうと如何《いか》にあせっても、心が動揺し、不安恐怖でどうにもならないことが時としてあるものである。それは他からの恐怖心の波及、或《あるい》は群衆の念波の支配が我々自身の思想を取巻いて紛然《ふんぜん》雑然たる場合に起り、或は殊更《ことさら》に我々の精神統一を妨礙《ぼうがい》しようとする浮浪《ふろう》の霊の念波の支配の為にも起り、我々は毫《ごう》も真理の言葉を思念することも精神を集中することも出来ない場合があるのである。斯《か》くして我々は平和なる精神統一状態になることができず、そのために神想観をしても祈っても何等《なんら》心境の進歩を示さないのである。

かかる場合、我らの第一に為《な》すべき最もよいことは、自分自身の精神統一や心境の進歩を目的とせず、我々の恐怖の原因であり、心を惑《まど》わす原因である所の人々に対してその祝福を祈ってやると云《い》うことである。併《しか》し乍《なが》ら、その祈りは、「彼等がどうぞ私の精神統一を妨礙しませぬように」などと、相手の自由を強制する様な祈りを捧げてはならないのである。又どうぞ浮浪の霊が私を害しませぬようにと、彼らの行動を抑制《よくせい》する様な祈りを捧げてもならないのである。吾々《われわれ》はこう祈らなければならない。「神の御心《みこころ》に従って彼が自《おのず》から祝福されますように彼が正しいことを為すように神様によって導かれますように」と云うような意味を祈らなければならないのである。他の人又は他の霊のために祈る時には、吾々は完全なる「自由」を彼等に与えなければならないのである。決して「禁止」の祈りをなしてはならないのである。斯くして吾等の祈りは真に愛他的となり、彼らに対して神の祝福が豊かでありますように、そして神の完全なる意志が、自由にそして何等の障碍《しょうがい》もなく淀《よど》みなく流れ入《い》りて彼らが真に幸福になりますように祈るべきである。

吾々の心をかき乱す所の人々に対して、彼らが祝福されますようにと祈りを捧ぐる事は、実に愚《おろ》かなることのように見えるかも知れないが、そのことに依《よ》って吾々の魂は一層静かになり、一層平安になり、内在の神性《しんせい》が一層ハッキリあらわれて来るのである。

断乎《だんこ》として精神集中の修練をせよ

さて以上のように、自分の想念を掻《か》き乱す原因になっている人又は諸霊のために祈ってやり、それから「神の無限の生命われに流れ入《い》る」と云《い》う言葉を思念する場合を実例としてここで取上げよう。吾々《われわれ》は「神の無限の生命《いのち》流れ入《い》る」と念じながらもその言葉に対して中々精神が集中しない場合がある。その理由は、まだ精神統一の修練が足りないせいもあるし、気にかかる恐怖心や不安や憤激の感情がまだ多少残っており、最高理性に対して波長の合わない雑念が自分の心に多少残っているからである。併《しか》し若《も》し吾々が、その境地を押し切って、「神の無限の生命《いのち》流れ入《い》る」と云う言葉の上に、断然、全注意を集中するべく努力し、同時に総《すべ》ての望ましからざる雑念を拒絶せんがためにただ「神の生命流れ入《い》る」という真理の言葉のみを出来るだけ繰返し繰返し思念するよう懸命《けんめい》になれば、遂《つい》には自分の心が平和な統一状態となり、真理の理解が深く完全に潜在意識に浸透するような実感を得、魂の浄《きよ》まりと高まりとが同時に得られ、神の国の平和が自己の生命の中に満ちわたる感じに全領されるようになるのである。この修練を重ねて行くとき、次第次第に吾々は「無限生命」なる神の中に自己の生命が立っている実相を悟ることが出来、吾々は久遠《くおん》なるものの中にその存在を保ち、全体なる神が、わが生命、わが力、吾《われ》を救うものであると云うことを実感することが出来るに到るのである。かくして軈《やが》て全てが善である実相があらわれ、自分自身が、自分を迫害する人さえも強制的に支配しようとせず祝福し得た其《そ》の心境の反映として、自分もまた他から強制的に支配されることなく、完全に自由となり、わが内に宿る力は神の力であって全能なるものであると云うことを悟ることが出来るようになるのである。

その自覚は寧《むし》ろ謙虚なものであって、「自分が神だ」と云うのではなく、吾々自身は何等《なんら》力を持っていないと云うこと、その力は無限者の尽くることなき、本源より吾々に流れ込んできた力であることを知り、謙虚にして同時に、実に強大なる信念を持つことが出来るようになるのである。

以上のことはキリストが「吾《わ》れみずからにては何事をも為《な》し得ず、天の父われにいまして御業《みわざ》をなさしめ給うのである」と言われた言葉にもあらわれているし、ダビデが「吾《われ》はわが砦《とりで》」と言わずして、「神はわが砦」と言った言葉にもあらわれているのである。

謙虚にして神の力を流入せしめよ

吾々《われわれ》自身に力あり権威ありと宣言することは、時として自信を深めることにもなるが、又時として力及び権威の出所《しゅつしょ》に就《つ》いての誤れる考えを生ずるようになり勝ちであるのである。

先般、徳山市で講演会があったときに、一人の青年が、「三界《がい》は唯心《ゆいしん》の所現《しょげん》と知るが故《ゆえ》に私は何でも私の心によって出来ると信じ、ついに茶屋酒《ちややざけ》と女の遊びを覚え、この陶然《とうぜん》たる酔い心地と、美女に取りまかれている光景はまことに天国浄土《じょうど》であって、私の心境が天国的になったが故にその心境の展開としてこう云《い》う風になれたのだと大いに慢心しているうちに借金で首がまわらなくなった」と云う体験の告白をしたのであったが、是《これ》が偽我《ぎが》を神視《しんし》してあやまって墜落した実例であるのである。「われみずからにては何事も成し得ず」の謙虚なる心境にならない限り、高所より来る生命の流れは自分に流れ入《い》るものではないのである。みずからが高く上《のぼ》れば生命の水は流れ入《い》らず、されば、イエスは山上の垂訓《すいくん》に於《お》いて悲しめる者、貧しきもの、謙《へりくだ》りて柔和《にゅうわ》なる者は幸いなるかなと教えているのである。全能者を吾々に結ぶ所のものは、幼《おさ》な児《ご》の如《ごと》き謙虚さである。即《すなわ》ち宇宙の唯一《ゆいいつ》最大の力の流れ入《い》るよう自分自身をカラッポにして置かなければならないのである。肉体の吾々自身に此《こ》の無限力ありと宣言することは、我々の魂の向上の水準を低いところに満足せしめて、無限の力の流入する閘《こう》門《もん》を閉ざしてしまうことになるのである。無限の力なるものは唯一にして唯《ただ》一つなる本源、総《すべ》ての生命にましまし力にましします所の神のほかには何もないと云うことを知らなければならないのである。イエスの「我《わ》れみずからにては何事をも成し得ず、天の父われにいまして御業《みわざ》をなさしめ給うのである」と云う真理の言葉や「神はわが巌《いわお》、我れに乏《とぼ》しきことあらじ」と云うダビデの言葉の如《ごと》きは、誠に真理の言葉であって、斯《か》かる心境こそ、我らを唯一つの力、否寧《いなむし》ろ「力」の唯一の本源に結び附《つ》けて呉《く》れる結紐《むすびひも》であるのである。斯くの如くしてのみ我々は「永遠者」の中に、そして「無限者」の中に自分の生命を高く立て、それよりして深く無限生命を呼吸することが出来るようになるのである。かくてのみ、吾々は体験に依《よ》って知ることが出来るところの、併《しか》し説明に依って知ることの出来ないところの、謙虚と高揚《こうよう》との結びついた魂の悟りの状態に入《い》ることが出来るのである。

各人、個性の自由を生かすこと

我々が無限なるものの中《うち》に自分の生活の基礎を打ち建てたときにのみ、それが砂上の楼閣《ろうかく》となる事なく、我々が凭《よ》り頼っても決して永久に我々を失望せしめることがない巌《いわお》の上に神殿を建てることになるのである。自己の生活が、このように絶対不壊《ふえ》の基礎の上に立ち、絶対不敗の境地になったからとて、我々は他の人々を支配したり打ち負かしたりしようと考えてはならないのである。我々自身が自分にとって要求される所のよき物を、そして自由を、我々は他の人にも完全に許さなければならないのである。イエスは「おのれの為《せ》られんと欲する如《ごと》く隣人に為《な》せ」と教えている。我々は、我々自身の特殊の個性と天分とを発揮せんが為に、我々自身の個性的生命を何の妨《さまた》げられることなく生きんと欲する。それはそれで正しい。さらば、我々は他の人々にも斯《か》くの如くならしめんと、その自由を与えなければならないのである。家庭に於《お》いて家族達が経験する所の悩みの多くは、しばしば自分の個性をもって他の家族を支配して自分の考えややり方に一致せしめようと試み、其処《そこ》に摩擦を生じて苦しむのである。自分の個性の自由を発揮するのはよい。併《しか》し、他の個性を強制してはよくないのである。各自の家族達を彼ら自身の個性に従って、それぞれの自己表現を完全に遂《と》げしめるように導かなければならないのである。同じような間違いは、夫婦間は勿《もち》論《ろん》、親しい友達の間にも起りがちである。親しい者ほど、自己同一を欲して相手を自分の型に強制しがちとなるのである。我々は我々自身の自由を維持《いじ》しなければならない。そして我々を支配せんとする総《すべ》ての他の強制を拒否しなければならないと同時に、他の人々にも自由を許して、苟《いやしく》も他を支配せんと試みるが如き罪を犯してはならないのである。我々は我々自身が要求すると同じ自由を、彼等にも与えなければならないのである。

神のみ唯一《ゆいいつ》の力だと信ぜよ

他に与えた程度に自分もまた与えられるのである。与えることは神の力を流入せしめるパイプの流通をよくすることになるのである。神の力はまた自己が謙《へりくだ》れる程度に従って、我らを愛し給うのである。ただ全能者のみ人生の凡《あら》ゆる立場に於《お》いて我々の力であり、我々の確乎《かっこ》不《ふ》抜《ばつ》の護《まも》りであるのである。「神常《つね》にわれを護りたまう」と暇ある毎《ごと》に念じて、潜在意識にこの真理を深く印象せしめることは、人生の凡ゆる経験を通じて我々を勝利に導く力となるのである。かかる人においては突如として危険に晒《さら》されることがあっても、その深い信仰はその人を護ってくれるにちがいないのである。何となれば全然恐れないし、唯《ただ》ひたすら神の力に依《よ》り頼っている所の人には如《い》何《か》なる禍《わざわい》も触れることは出来ないはずであるからである。神が唯一の力であると云《い》うことを悟っている人は、神に属しない所の総《すべ》ての力を、無効に終らしめることが出来るのである。悪と禍とは神に属しないものであるから、神が全領せる世界に於いては、それらは近づくことが出来ないのである。この事は生長の家の信者が艦長又は機関長として坐乗《ざじよう》していた日本の軍艦は、その坐乗の期間中完全に無事であったが、この信念篤《あつ》き人々がその軍艦から他に転ずると、概《おおむ》ね、間もなく轟沈《ごうちん》せられていた事実にこれを見ることが出来るのである。

病気の場合でも同じことである。我々が流行病の前に晒されているとしよう。「神はわが護り」の真理を深く信じ思念するならば、此《こ》の真理は我々の肉体をして、免疫状態に入《い》らしむることが出来るであろう。ナポレオンは西部戦線で流行病に苦しんでいる部下の患者を見舞《みまい》に行ったが彼は決して恐れなかった。当時ナポレオンは「運命が自分を護っている」との深い信念の結果、その自信ある一語が彼の部下の病気を忽《たちま》ち癒《い》やしてしまったのである。無論《むろん》ナポレオン自身も全然病気に冒《おか》されずに済んだのである。信念の力はかくの如《ごと》きものである。

又更《さら》に我々は日常生活の細かい事件の中に於《うち》いて、第二次世界大戦中に誰でもが出会ったような困難な状態や、危険に晒されなければならない事があるのである。実業界に於いて永遠に行われている所の競争や、買い占めや、投げ売りや、それから起る恐慌や、逼迫《ひっぱく》は戦争中に行われる無慈悲な残忍な状態に比すべきものがないでもない。如何なる慈悲も容赦《ようしゃ》も弱き者に対して示されないのである。大会社は弱き中小会社を容赦なく壁に押し付け叩《たた》きつけるのである。斯《か》くの如き酷烈《こくれつ》な状態に於いても「神は我が護りであり、我々の力である」と云う信念は我々をついに救って呉《く》れるのである。

恐怖心の克服

かかる残忍なる社会的経験、倒産、実業に於《お》ける失敗等は時として我々を神経的恐怖症に冒《おか》さしめることがあるものである。名状《めいじょう》しがたき恐怖心に苦しむことは実に耐え難きくるしみである。或《あ》る人の如《ごと》きは郵便配達夫がその人の家に来るだけでも殆《ほと》んど心臓の鼓動が止まる思いがする。足音毎《ごと》に何か悪いニュースを書いた通知や手紙を持って来やしないかという恐怖が起って心臓の鼓動が止って了《しま》いそうになるのである。その最も有効なる救治策《きゅうちさく》は、神に就《つ》いての真理を、「神はわが護《まも》り、わが力。全能の神われを護りたまうが故《ゆえ》に我《われ》は如何《いか》なる時にも安全である」と思念しつづけることによって得られるのである。神の護りこそは何よりも一層強力なるものなのである。人によっては生れつきの性格の弱さの犠牲《ぎせい》になっている者もあり、そのために異常な強迫観念で苦しむ者もあるのである。それらには普通ならば逃れる道はないのである。併《しか》し勝利の道はないことはない、神を思念し、神を護りとすることである。そして自分の性格の習慣的な弱さに対してそれを克服しようと戦《たたか》いを挑《いど》まない方がよいのである。我々は我々自身の弱さと戦いを開くことに依《よ》って勝利を得《う》ることは到底出来ないのである。弱さを思念するよりも、我々を護りたまう神の強さを思念するならば、弱さの観念は去り、強さの自信がわいて来るのである。総《すべ》ての恐怖と失敗の原因は、神との一体感の欠乏《けつぼう》、又は神の性質（愛他《あいた》）がわが内に欠乏せるに依《よ》るのである。それ故にその救治法は明らかである。愛他の心を深く起し、自己を挺身《ていしん》して他を救う心になることである。自己を護る心は恐怖心の原因になるのである。そして「神の愛われに流れ入《い》りてわれを満たしたまう」と念じて、自己の内に欠乏せる所の神の愛を自己の内に満たせばよいのである。

新版　生活と人間の再建〈完〉

―――― 新版《しんぱん》 生活《せいかつ》と人間《にんげん》の再建《さいけん》 ――――

昭和29年5月1日　初　版　発　行
平成19年8月20日　新版初版第1刷発行
令和 3 年10月25日　新版初版第15刷発行

〈検印省略〉

著　者　谷《たに》　口《ぐち》　雅《まさ》　春《はる》
発行者　西　尾　慎　也
発行所　株式会社　日本教文社
〒107-8674 東京都港区赤坂9-6-44
電話 03(3401)9111 (代表)
03(3401)9114 (編集)
FAX 03(3401)9118 (編集)
03(3401)9139 (営業)
頒布所　一般財団法人　世界聖典普及協会
〒107-8691 東京都港区赤坂9-6-33
電話 03(3403)1501 (代表)
振替　00110-7-120549

装幀　松下晴美
印刷・凸版印刷株式会社
製本・牧製本印刷株式社

ISBN978-4-531-05256-1

日本教文社のホームページ
http://www.kyobunsha.co.jp/

谷口雅宣監修　¥1400
“新しい文明”を築こう
上巻　基礎篇「運動の基礎」

生長の家の運動の歴史を概観する文章とともに、運動の基礎となる信条、指針、シンボル、方針、祈り、運動の基本的な考え方などを収録した、生長の家会員必携の書。［生長の家発行　日本教文社発売］

谷口雅宣監修　¥1400
“新しい文明”を築こう
中巻　実践篇「運動の具体的展開」

人類が直面する環境問題などから、現代文明の限界を指摘し、自然と調和した“新しい文明”を構築する具体的方法を提示。併せて生長の家の祭式・儀礼の方法を収録。［生長の家発行　日本教文社発売］

谷口純子著　¥1100
森の日ぐらし

本当の豊かさとはなんだろう。それは遠くにある得難いものではなく、私たちのすぐ側にあるかけがえのない日常にあることを、八ヶ岳南麓の森で暮らす著者が語ります。［生長の家発行　日本教文社発売］

谷口清超著　¥1388
真・善・美の世界がある

現象の奥に実在する「神の国」には、真・善・美の無限の宝が満ちている。しかも人は誰でも、自らの中にすでにその無限の宝を与えられている。至福へ至る道を力強く説き明かす。

谷口清超著　¥1870
人生の断想
谷口清超新書文集10

“若人”“女性”“自由と秩序”など、体験を基に宗教的見地から考察した、生命への畏敬と人生についての深い思索。生きる力を奮い起たせてくれる、易しく説いた知恵と愛の人生論。

谷口雅春著　¥1781
新版　叡智の断片

著者の心の中に閃いてきた神啓とも呼ぶべき深い智慧の言葉と道場での講話録を配して、生長の家の基本的な教えを網羅。世界及び人生に関する指針が時代を超えて力強く読者の胸を打つ。

谷口雅春著　¥1870
新版　幸福生活論

神をわがものとして、人生万般にわたる幸福を実現するための道を詳述するとともに、不眠、肉食、予言、愛、恐怖、芸術、戦後民主主義等の問題を採り上げながら人生の指針を示した名著。

株式会社 日本教文社 〒107-8674　東京都港区赤坂 9-6-44 電話 03-3401-9111（代表）
日本教文社のホームページ　http://www.kyobunsha.co.jp/
宗教法人「生長の家」〒409-1501 山梨県北杜市大泉町西井出 8240 番地 2103　電話 0551-45-7777（代表）
生長の家のホームページ　http://www.jp.seicho-no-ie.org/
各定価（10％税込）は令和３年 10 月 1 日現在のものです。品切れの際はご容赦ください。